소리가 그립다

정진홍 지음

시와사람

이 도서의 국립중앙도서관 출판예정도서목록(CIP)은 서지정보유통지원시스템
홈페이지(http://seoji.nl.go.kr)와 국가자료종합목록
구축시스템(http://kolis-net.nl.go.kr)에서 이용하실 수 있습니다.
(CIP제어번호 : CIP2020028323)

소리가 그립다

■ 머리말

시와 산문으로 지나온 날에 대한 콤마 찍기로 정리하는 작업은 참으로 어려운 일인 것 같다.

시작 43편은 아내가 작년 5월초에 하늘나라로 떠난 후 번민과 애통의 과정을 거치면서 탄생한 작품이다.

7년에 걸친 췌장암에 대한 투병생활은 당사자는 말 할 것 없고, 가족들의 헌신 없이는 도저히 불가능하였다.

집도의의 잘 해야 6개월 생존이 가능하다는 말에 그 절망감은 어쩔 수가 없었다.

딸의 헌신적인 병수발을 비롯하여 세 아들네의 노력이 아니고는 너무 어려운 일이였다.

13번의 입원과 긴 투병생활동안 염려해 주고 기도를 계속하여주신 신부님들, 형제들, 그리고 주변 분들에게 감사를 드린다.

그 중에도 아내 자신이 불굴의 의지로 고약한 병과의 투병에서 의연한 자세로 이를 이겨나간 정신을 존경한다.

뒤의 산문 31편은 우리 세대가 겪으며 살아온 큰 사건의 뒤안길을 되돌아보며 나의 삶에 무슨 의미와 영향을 미쳤는지를 되돌아보는 의도다.

5.18 뒤로의 일은 내 생전 어느 때나 정리가 될는지 지금

은 알 수가 없다.

사람은 살아가면서 배운다는 말처럼, 오늘의 내가 있기까지에 부모님, 형제, 주위 분들이 주신 많은 관심과 사랑에 대하여 감사한다.

내가 힘들 때 아내 여 루시아는 가장 가까운 친구였고 동지였다, 힘의 원천이 되어주었다. 사랑과 감사를 바친다.

사랑하고 감사하며 살게 하소서, 남은 나날을 기도하며 살아가도록 하느님에게 간구 하나이다.

2020년 6월

정진홍

차례

제1부 아픔이 꽃이 되어

제2부 강물은 그 끝이 있을까

제1부

아픔이 꽃이 되어

아내 여소자 루시아와 함께

어떤 미소

병든 나무를 보아라
오뉴 월의 세찬 비바람에도
의연하게 휘어지며
세상이 무너지는 일이
자신의 책임처럼
버티고 또 버틴다

병든 사람을 보아라
햇볕에 반짝이는
나무 잎새에게 모든 사랑을
서너 번의 미소로
세상의 빚을 갚는다
사람들은 이를 지나친다

누가 아는가

당신은 꽃의 아픔을
아는가
산새도 새벽이 되어
꾸벅 조으는데
풀잎에 맺힌 이슬
아픔이 방울 하나로
남았네

당신은 꽃의 아픔을
아는가
홀로 지새는 밤하늘
눈먼 별들에게
내 설음 호소하여도
대답이 없네
새벽이슬이 되어
아픔이 방울이 되어
홀로 눈물 흘리네

바닷새의 탄식

나는 한 마리 바닷새
밤하늘로 날아올라 등대를 찾아 나선다
한줄기 불빛은 생명이고 유일한 희망이다
아름다움의 실체를 찾아 진실의 공감을 얻으려 세상을
헤매길 얼마던가
등대불은 끊임없이 유혹하지만 바라던
그것들은 아직도 불빛 너머에 숨어있다.
초라한 길손은
불빛 아래서 찾아 헤매는 보석을 손에 움켜쥘 수 없다
나는 외로운 바닷새 한 마리
날개의 탄력은 수그러지고 희망 담긴 눈동자는 생기를
잃어가도 생명 다하는 그날까지 탐구를 접을 수 없다.

그대의 봄비

수많은 날을
기다리는 사람아
봄비여
꽃으로 태어난 구름이
덩실덩실 춤출 때
하늘에서 어서 내려와
서로 손목 잡은 우리들
덧없는 세상살이
한탄은 접어두고
봄비여
앞산을 뒤로 안고
무지개로 다시 태어나
환한 둥근 얼굴로
내 앞에 서 있는
당신이라 부른
그대 봄비여
옷 벗고 팔 활짝 벌려
원무를 추어야 하느냐
말 좀 해 다오
나의 봄비여

사월을 불러 본다

5월이 지척에 있는 줄 그 누가 모르랴
미치도록 눈부신 초록이 사람들을
유혹해도 4월은
왜 우리를
사무치게 하는가
내려 꽂히는 햇살에
넋 나간 들고양이
양지바른 모퉁이
소나무 아래서
눈 감고 있네

사월을 불러 본다
젊은 가슴으로 열정의 깃발을
휘둘렀지
이제는 잊힌 신문지 한편에
외롭게 웅크리고
앉아있네
오직 가냘픈 기도만이
숨 쉬게 하네
5월이 지척에 와 있는 줄 그 누가 모르랴
하늘에서 노 저어 어디론가 달려가는

구름이
우리를 태워 가네 푸른 꿈을
뿌리며 가네

봄꽃

봄꽃 나무가 이웃에서 세상을 엿보고 있다
시끄럽고 탐욕과 투쟁으로 얼룩진 이 한파를 애써 외면하면서
한구석에서 조용히 꽃피울 준비를 하고 있다.
별나라에서 보낸 존재일까
바로 우리들의 이웃에 함께 살아왔던 꽃나무
사랑한다는 말 한마디에 인색하였던 우리들
어찌 꽃나무뿐일까
주변의 꽃 보다 별보다도 더 아름다운
바로 사람들의 존재다

사랑한다는 그 말을 가슴속에서
맘껏 토하며 살고 싶다

조약돌 되어

망각의 바다로 가리라
과거가 묻은 신발
물가에 남기고
바다 한가운데 가로질러
가쁜 숨 몰아쉬며
망각의 바다로
나는 가리라
힘차게 가리라
슬픔과 그리움으로
엮인 오색 동아줄
하늘 높게 높게 띄우고
두 팔 허공에 휘저으며
비명의 바닷소리
주워 담으며
그대를 그리워하는
조약돌 하나 되어
망각의 바다 위에 나 홀로
남아 있으리

세상아 꽃을 보아라

수도원 담장
 그 너머에 힘들어하는 사람들
한숨 소리에도
봄꽃은 피었네
집에 돌아가는 길 위의
그대여
비어있는 돈주머니를
만져보고 또 만져보고
하루 내 인생의
전부가 이렇게 가벼울 줄
오늘 뼈가 저리네
코로나에 겁먹은 사람아
봄 오면 땅 뚫고 태어나고
피어나는 새 생명을
가슴에 소중하게
꼬옥 안아보세

현대미술관에서

나사와 쇠못을 한 움큼 입속에 물고 있다
오늘의 사람들 모습이 아닐까
말 한마디가 창칼이 되고 비수 되어
상대방 희망을 꺾고 절망의 나락으로
떨어져 가는 많은 사람들
부드러운 말 한마디가
더욱 평화로운 세상 만드는데
사랑한다는 말 한 마디가
우주의 굉음보다도 사람의 마음을
움직인다는데
우리는 왜 그렇게 인색할까
주저할까

운림골

산 아래 동네에
초저녁 꽃이 피었네
길 위로 달리는 자동차들은
긴 꽃다발 안고 달리는데
길가의 가게의 장식등
빨강 노랑 푸른 색깔의 불빛에
우리 동네 경사 났네
어둠에 쌓인 산등성이 위로
보름달이 얼굴 내밀어
내려다보고 있는데
세상 떠난 아내의
얼굴이네
가족들의 얼굴 훔쳐보며
눈물이 묻어있는 두 눈으로
우리 집 창문을
내려 보네
달 안으려 달려가는
이 마음이 눈물 꽃으로
다시 태어나네

망각

푸른 겨울 하늘 가운데로
흰 구름이
노 저어가고 있네
망각의 짐을
그 속에 태우라고 하네
어데로 가야 하나
그대가 있는 곳은
400억 광년 태양계 끝을 지나도
아직도 갈 길 창창한데
방향도 모르는데
망각의 우주를 헤집고
어데로 가야 하나

소리가 그립다

소리가 그립다
공간을 채우는 소리의 울림이
우리에게 주는 행복한 삶의 의욕
소리가 그립다
예전에 놓치고 말았던
소리의 귀중함
옆에서 작은 목소리로 일상의
자질구레한 대화가
살아가는 기둥이 됨을
내 어찌 그렇게도 무관심 하였나
아내의 마지막 말은
엄마 영감, 두 마디였다
우주의 모든 의미를 함축한
그래서 외로운 삶의 얼굴을
보는 것 같아
슬프다
사람들아 고독이란 말
함부로 말하지 말라
아무런 말도 어떠한 몸짓도
고독을 나타낼 수 없는
생물이 바로 사람이니

아침 식탁 2

이른 가을이
창틀을 넘어와
아침 밥상 위에
앉아 있네
하늘나라로 간
집사람 자리는
비어있는데
밥그릇도 수저도
보이지 않는데
식사 기도를 하네
나 홀로 기도를 하네
주님 은혜로이 내려주신
음식과 저희에게
강복 하소서
눈물 한 방울이
식탁보 위로 떨어지네

눈물

구름 너머 하늘나라에
그대가 있네
구름 아래도
그대가 서 있네
나는 잘 있으니
걱정 마세요
말을 하네

집 앞 산등성이 위로
그대가 가고 있네
눈물 머금은 내 눈에서
그대 모습이 출렁이네
흐르는 눈물에
수많은 그대가 보여도
내 부름에
대답이 없네

아침 그림자

아침에 가로수 그림자가
수다를 떨고 있네
나무 잎새 몇 개가
길 위에서 가느다란 비명
지르며 나뒹구네
가을에만 낙엽 되어
외로운 신세가
되느냐
여름이 지나가도
낙엽이 되어 땅 위로 지네
인생이란 짧은 시간이
기쁜 사연 슬픈 사연으로
가득 채워지건만
그대가 있어 늘 행복하였는데
오늘은
그림자 붙들고 서있는
나무가 바로
내 자신이네

별과 달 사이

잠결에 무심코 팔 내밀어
아내의 손을 잡으려 하네
자는 사이 별일 없을까
오래 동안 아내의 투병 생활에
습관이 되었네
내 손안에는 오직 허공만 남아 있네
이 세상과 저 세상이
엷은 천 하나의 거리인데
표정은 볼 수 있어도
그의 소리는 들을 수가 없네
딸은 어머니의 죽음을
슬퍼하지 말라고
위로 하네
이렇게 가까운 거리 두고
손 잡을 수도 말 나눌 수도 없는
이별 두고
내 슬픔을 어느 곳에 감추어야
하나

로봇이 되어

친구여
나를 인공지능 로봇으로 만들어 주게
이제는 슬픔 거두고
일상 되찾아
열심히 살라는 자네의
말씀 내 어찌 모를까
스마트폰에 담긴 사진을
볼 때마다 눈물 글썽이는
스스로를 생각하면
로봇 되어
차라리 로봇으로 태어나
슬픔 잠그는 스위치 달고
이럴 땐 사정없이 단절하는
신세가 부럽다네
함께 살아온 지난날이
나 혼자만의 것일까
사연이 눈물로 남아
기쁨과 슬픔이 삶의 지난 여정 되어
그리워하며 사는 게
우리들의 운명이
아닌가
나를 로봇으로 만들어 주게

거울 속의 당신

거울 속에 가두어 두었네
고약한 병이라는 췌장암 환자를 거울
안에 가두고
관찰자의 눈으로 심정으로
보살피며 살았네
그대 마음 한가운데 흘러내리는
서러운 시냇물이 있음을
미처 다 알지 못 하였네
자신의 아픔은
다른 그 아무도
알지 못한다는 사실을
들판의 미욱한 황소처럼
깨닫지 못 하였네
투병으로 수척한 당신 얼굴
남아있는 사진을 거머쥐고
눈물이 흐르네
그대의 한겨울에 흐르는 개울물
그 설움을 지나치고
당신이 하늘나라로 떠난 후
냉혹한 관찰자가 된 자신을
이제야 원망하네

사랑은 상처다

상처를 남기는 게
사랑이라고
신부님이 강론 하시네
차가운 겨울바람이
핥고 지나간들
후회의 잔물결이
쉴 사이 없이 내 마음을
농락한들
사랑이 상처로
사람을 괴롭게 한들
내 어찌 그 사랑의
발자국을 되돌아보지
않을 수가 있을까
눈물로 지나간 나날을
고이 포장하고
다시 풀어 젖히고
반복하는 행동을
멈출 수가 있을까
다시 뜨는 해야
묻는다 네게 묻는다
상처 없는 세상일이
아무 데도 없구나

하늘나라의 아내를 보았네

후반부로 들어서고 있는 미사는
주기도문 차례였네
저희를 유혹에 빠지지 않게 하시고
악에서 구하소서
순간 생전 처음 보는
광경이 눈앞에 나타났네
연보라와 장미색을 위주로 한 파스텔화처럼
따뜻하고 평화스럽고 신비한
색상이 눈앞에 충만 하였네
한가운데 아내가 서 있네
옅은 아이보리색과 하얀 색상의
드레스를 입고 있네
얼굴은 젊은 시절의 그였으나 눈을
내려 감고 있었네
입술도 움직임이 없네
'나는 이곳에서 잘 있으니 걱정 마세요'
텔레파시로 나에게
전달 되었네
잘려 지는 화면처럼 이 광경은
한순간에 사라졌네,
이 세상과 천국의 거리가

얼마나 멀리 떨어져 있는지 모르나
손 저어 잡을 염두도 못 내었네
오직 그의 말만 나를
사로잡고 있었네

사는 이야기

공원에는 사람들이
꽃구름처럼 피어있는데
십자성 마크 단 군복을
신기한 듯 쳐다보네
어린 아들을 데리고 서있는 군인이
궁금한 표정이네
길에서 파는
얼음장수를 한참 쳐다보던
어린 아들이
엄마 나 하나 먹어도 돼?
전쟁터로 되돌아가는 길에
눈시울 적시게 하네
그때의 아내 마음인들
오직 하였을까
미처 헤아리지 못한
불찰이 한으로 되어 두고두고
남을 줄이야

물소리

산골 물이 산에게
하소연 하네
내가 흘러가는 물 길 맨 마지막
산자락이
어데 인가 몰라
정말로 모르지만
무작정 흐르며 가고 있다네

물소리의 애처로운 소리가
골짜기에 조그만 산울림 되어
남아있네
신음소리 내고 있네
지난 세월이 실타래처럼
엮인 사연들이
숨차게 호소하네
기쁜 이야기 슬픈 이야기
세상의 온갖 잡다한 이야기
맑은 물이 아우성치며
흐르고 있네

식탁에서

우리집 식탁의 그대 빈 의자
밥 먹는 모습만 보고 있어도
한 순갈의 밥만 맛있게
삼켜주어도
내겐 행복이었네
십만 광년 백만 광년의
상상할 수 없는 멀고 먼 우주에서
사람의 귀로는 도저히 들을 수 없는
미지의 헬츠 세계에서
당신이 다시 찾아와 본래의
의자를 찾아와
가족과 둘러앉아 오순도순
밥 먹으며 사랑 나누는
이야기로
서로의 얼굴만 쳐다보아도
가슴이 뿌듯한 식탁 풍경
혼자서 그리워 하네

아침의 성모님

가로수가 아침 햇살로
세수를 하네
사람들의 바쁜 일상이
눈부시게 인사하네
길가의 성당 화단에
성모님이 꽃으로 서 계시네
지난 칠 년 동안 이 길을 지나며
아내 루시아를 병마에서
이겨나도록 기도해 주시라고
빌었네
이 삼 년 만이라도
이겨나가도록 도와주세요
빌고 또 빌었네
힘든 세월의 터널을 지나며
우리 가족이 얼마나 루시아를
사랑하는지 알게 하셨네
이젠 하늘나라로 데려가셨네
그대 목소리도 웃는 모습도 어두운 표정도
걷우셨네
파란 하늘 속 깊은 곳에
숨겨두셨네

팔도음식

당신 목소리가 어데서
들릴까
현관문 열고 들어서는 나를 보고
당신?
그래 나야 보고 싶었네

보행기 타고 앉아 있는
모습이 안타까워
가슴이 답답하여 지네
최불암이 나오는 팔도음식 텔레비전 프로
보고 또 보고
이젠 팔도 음식 전문가 박사가 되었다고
웃음 짓는 당신 모습
암 투병하는 사람에겐
대퇴골 골절은 거의 치명적인데

그늘진 미소 짓고
애써 가족들에게 근심
덜어내려 애쓰는
당신 보고 속으로 울었네

이제는 집을 들어서도
아무도 없네
벽에 걸려있는 사진에게
귀가 인사할 뿐이네

오월의 바람에게

푸른 잎새 무성한 나뭇가지에
오월의 바람이
출렁이네 춤 추네
어서 일어나라는 듯
펄럭이네
깊고 차가운 땅속에서
일어나라는 듯
춤을 추네
맑은 그대 음성으로
세상은 우리에게 희망이었네
젊음은 오로지 행복이었네
사랑하던 푸르름이
온 세상을 장식하는 날
억장이 무너지고
천지가 깨지는 슬픔
남기고
하늘나라로 떠난
당신에게
무엇을 안겨주어야 하나
나 혼자 당신의 사진
앞에 두고 덩실덩실 춤추어야 하나

바람아 오월의 바람아
대답 좀 하여다오

스마트폰 속의 사진 한 장

스마트 폰에 찍힌
사진 한 장
추위가 물러간 어느 겨울날
50kg 되는 체중을
보신한다고 신부님과
함께한 음식점 카페 의자에
그대가 앉아있네
외롭고 슬픈 그림자가
뒤덮고 있어도
투병하는 사람들은
모두 다 그래
무심한 마음이
속으로 치부하고
밝고 즐거운 이야기 말 한 마디를
그렇게도 인색 하였네
깊은 샘물처럼 슬픔 지닌
그대의 두 눈을 왜 그토록
보지 못 하였나
활기찬 표정을
위로와 격려를 아꼈나
이제는 멀리 떠난 사람

다시는 내 곁에 올 수 없는
사람아

고백

주님
왜 만남과 헤어짐의 운명을 주셨나요
왜 해는 반드시 동쪽에서 떠오르고 서편으로
지도록 하셨나요
만남도 주님의 뜻이면 헤어짐도 주님의
뜻이옵니까
주님
회한과 괴로움이 지나간 세월이
사람을 휘감고 있습니다
사랑이 이렇게 통한의 눈물의 끝이 아니라면
어느 때
다시 만날 기회를 생성하고 계시나요
주님
왜 지난 세월의 하나하나가 새록새록 눈앞에서 춤을
춥니까
기쁨보다도 어렵고 괴로운 기억이 앞으로 나서고
뿌듯한 보람과 연민 그리고 안타까운 사랑은
내 뒤편에서 숨어있습니다
떠나보낸 사랑의 소중함을
가슴에 남게 하소서

물결이 되어

강물이 흐른다
바람에 잔잔한 파도 만들며
흐른다
당신의 영혼을 싣고
끝이 보이지 않는 곳을 향하여
봄의 햇살이 강물을 뒤덮고
강가에는 물고기들이
먹이 찾아 헤매는데
말도 없이 아무 말도 없이
손짓도 잊은 채
흘러간다
그곳이 어느 곳인 줄
내 알 수 없는 미지의 곳이 건만
뒤처져 흐르는 물결 되어
내 흐르리라
찾으리라

당신

이렇게 떠나려 하는구나
내 사랑아
흩날리는 꽃가루 되어
하늘로 가려는가
내 사랑아
오월 그 날 꽃처럼 단장하고
약혼식 날
머언 거리를
걸어서 온 사람아
향기가
푸른 하늘과 신록의 세상에
남기를
바라던 내 사랑아
정녕
이제 떠나려고 하는가

지는 꽃길은 아프다

꽃길을 걷는다
발걸음 옮기는데
여간 조심스럽다
낙화의 꽃술이 거친 발걸음에
상할까 두렵구나
밤새우고 지나면
오간 데 없이 사라질 존재이지만
마지막 생명 뽐내며
버티고 있는 자랑스러운
모습에
멈칫 한다
나의 삶이 길 위의 낙화처럼
의연한 자세가 있었느냐
생명 다하는 그 날까지
아름다움 가슴에 부여안고
최선을 다하는 낙화야
낙화야
나의 푸른 꿈아

왜 슬퍼하느냐

왜 슬퍼하느냐
가슴에 숨겨진 기억이
철새 지나간 늦가을 하늘
가운데로 뻗어가다 사라져
허전함으로 몸부림칠 때처럼
왜 슬퍼하느냐

당신 옆에는 아직도
말 건네는 목소리가 그대
기다리고 있는데
세상 어느 것보다
소중한 바로 그 소리인데

왜 슬퍼하느냐
눈물이 강물 되어
그대 목을 휘어 감고
한숨이 구름 되어
하늘을 뒤덮어도
슬퍼하지 마라

미세먼지의 봄

미세먼지로 온 나라가
난리네
꽃 피고 새 우는 봄이 아니네.
마스크로 입 코 막고
뿌연 하늘 훔쳐보고 있네
하늘의 푸르름을 어데서
찾을 거나
세상 돌아가는 낌새가 너무나 황당해
메마른 두 눈알 씻겨줄
눈물 쥐어짜나
헛일이네
헛일이네

꿈꾸는 사람

내일 모래면 중학생 된다는
아이에게 말을 건넨다
네 꿈은 무엇이지
더 커서 즐겁고 보람 있게 살아갈
네 꿈을 꿈꾼 적 있지
그게 무얼까

추가 예방접종 적령기가 된 아이들
아직 꿈이 없어요
세프요 공무원이요 사업가요
게임 프로그래머요 검사요
의사요 운동선수요

꿈을 묻는 자신이
어색해 진다
당신은 별을 찾았나요
나이 어린 시절의 별이 지금
당신의 모습 그대로 인가요

아직도 별 찾아 헤매는
사람이

아이들에게 답을 구하고 있네
별은 하늘 속에서 웃고 있지만
잡을 수 없는 영원한 것이네

이슬로

이슬로 당신의 어깨 위에
내려 앉으리
당신의 숨소리
괴로움을 안으로
집어삼키는
고통을 참는 당신에게
이슬 되어
고통을 나누리

이슬로 당신의 두 눈에
내려 앉으리
아름다운 꽃 활짝 핀
꽃밭만 눈앞에
보이게 하리
소중한 기억들이
씻겨가지 않을 때까지
이슬 되어
당신을 부둥켜 안으리

두 손 마주 잡는 날

산에 사는 나무는
고향이 바로 그 곳이네
이고 사는 하늘에
얼마나 많은 사연을
그린 줄을 누가 짐작할까

손 벌려 조금 더 가까이
보듬고 싶은 마음을
주변의 나무에게
하소연하는 마음을
누가 짐작할까

두 손잡아 가슴으로
밀려오는 따스한 느낌
사랑을 비로소
깨닫는 줄을 천년만년 흘러도
누가 짐작할까

학운동 성당

겨울의 성모님이 차가운 바람을 안고
홀로 서 계신다,
성당 밖 도로에 살기가 버거운
사람들의 전 재산인 작은 트럭 위에서
구워지는 고구마 냄새가
길 위로 밤안개처럼 헤엄치고
바람에 몇 개 남은 낙엽은 휩쌓여
끌려 달아나도
습관처럼 기도 한다
성모님의 얼굴에 추운 겨울바람이
묻어있을까
얼마나 찬바람에 힘드실까
지나가는 차들은 바쁘기만 하다
이렇게 정신없이 휘둘려 사는 게
인생이라는 듯
경적소리도 요란하게 울리며
길을 누빈다
성모님 인도 하소서
저의 어려움을 이겨나게 하소서
성당 앞을 지나면서 밖에서 바라보이는
성모님 얼굴을 훔쳐보면서

고난의 세월을 지나신 그분의
인생 역정을 생각하며
저의 어려움은 아무것도 아니라고
애써 다짐하고
또 다짐 한다

별 하나 나 하나

유리창 너머 별들이
무리 지어 하늘에 매달려
있다
별빛이 나에게 오는 시간은 수억 광년인데
아름답게 빛나는 별 눈이
참으로 아름답다
지구의 반대편으로 태양은 낮을
몰고 가고
잔영으로 색칠한 밤하늘이
더욱 신비하다
내일은 빅 데이트 시대라는데
지구의 모든 사람이 알고리즘으로
촘촘히 엮어 있어
피라미드 아래의 이집트 노예처럼
줄줄이 엮어 있어
빅 부러더 한 놈이 왕 대장 노릇한다는
끔찍한 세상이 온다는데
나는 왜 이리 평온하냐
생화학 시간에 배웠던 탄소 체인의 정교한
배열의 도표 한 장이
세상을 생각하는 내 눈을 활짝 뜨게 만들었네

나도 모르게 하늘과 땅 위의 질서로 이룩한
진리가 보였네
귀에 들리고 나의 영혼에 어마어마한 풍랑을
안겨주었네
이 진리를 알게 하신 분이고 주인공이신
분에게 찬미를 드렸네
비로소 알게 되었네
나 자신의 신경세포가 수억 개의 뉴런의
연결로 잉태된 생각의 위대함
귀중함을 느끼게 되었네
신비의 끝은 보이지 않고
오늘도
하늘의 수많은 별들이 서로를
부르고 있네

가을

길에서 만난 이웃 사람과
악수를 나누는 손이
유난히 힘차다
가을은 그리움의 계절
잊혀진 이름이
솔솔 기지개 켜고
사람들의 가슴으로
안겨 들어 와
슬픔으로 빚어진 와인
한 잔처럼
당황하게 만든다

초가을의 풍경

오십 년 만의 더위라고
방송에서는 요란을 떨고
사람들은 에어컨과 친구 삼았다
여름 지나 시월초
얇은 옷 걸친
마음이 비어가는 사람처럼
나무잎 푸른 색갈이
힘을 잃고 있구나
저 아래 길 위로 달리는 자동차
달리는 발걸음이 빨라지고
사람들은 걱정부터 헤아린다
초가을 바람에 휘둘리는 나무가
우리들이다

밤의 카페에서

일상에 지친 사람들이
자기를 찾으러 헤맨다
어느 골짜기에 있는
외로운 찻집
저녁이 한참이나 익어간
시간에
빈 공간에는 사람들이
남기고 간 삶에 힘든
이야기가
잠에 깬 들짐승처럼
아는 체를 한다
반갑구나
따뜻한 안도감이 나를
휘 감는다

기도하게 하소서

저에게 기도하게 하소서
창공 너머로 우주의 변두리를 지나
하느님의 나라로 바삐 달려간
영혼을 위하여 무릎 꿇고
기도하게 하소서
다시는 돌아올 수 없는 머언 길을
달려가며 이 세상 사람들을
위하여 기도하는
영혼을 위하여
저의 모든 기쁨과 슬픔을 한데 모아
무릎 꿇고
기도하게 하소서
또 기도하게 하소서
저를 잊고 오로지 기도하게
하소서

아픔이 꽃이 되어

바람이 살랑이며 꽃에게
속삭이네
 너무 아프고 힘들지
아픈 사람만이 그 말뜻을
알지
아픈 사람만이 그 슬픔을
알지
외로움을 알지
병든 사람은 자신의 고통을
이겨가야 한다고
자기 책임이라고
세월이 병을 밀어내기를
사람들은 바라고 있네

바람이 살랑이며 꽃에게
속삭이네
봄날이 가면 또 돌아올 거야
아픔을 품고 내 사랑은
하늘만 쳐다보네
서러운 마음이
길게 매달린 폭포 되어

매달려있네
아무도 모르는 계곡에서
비로소 울음소리를 토하네
바다와 만나는 강어귀 지나
미지의 곳으로 구름 되어
하늘을 날으네

제2부

강물은 그 끝이 있을까

이태리 북부에 있는 돌로미티산

강물은 그 끝이 있을까 〈1〉

-달밤과 누님

누님은 달밤이 가장 기다려졌다.

구름이 달을 가리며 지나갈 때는 밤의 광경이 보였다 흐렸다 반복 한다.

논길 위로 머리 위에 짐을 이고 친정을 가고 있었다.

여우의 울음소리가 사람의 살을 떨리게 만들었다.

집과 친정집 사이의 오리 길은 마을 언덕의 밭 샛길을 지나 논길을 구불구불 돌아서 가야 했다.

머리 위에는 쌀이나 보리쌀이 들어있는 보퉁이가 얹혀 있었다.

때로는 무명베 한 필을 이고 가는 때도 있었다.

중간쯤 있는 짝지란 마을의 외딴 두어 초가집의 모습이 오늘 밤 따라 으스스하다.

마을에서 몇 마장 떨어진 산등성이는 마을 사람들에겐 빗자루 도깨비가 밤이면 나타나서 행인들에게 시비를 걸고 씨름을 하자고 달려들어 겁박을 주었다고 한다.

시집 간 지 열 해도 채 안 된 아낙은 그 얼마나 간이 떨리고 무서웠을까.

밤이면 사람이 오히려 더 무서운 것은 예나 지금이나 같다.

누님은 이를 악물고 밤의 논길을 간다.

발을 조금 더 잽싸게 놀려 어서 친정집에 다다르기를 빌며, 가난이 곳곳에 배어있는 농촌마을은 등잔불 불빛조차 보이지를 않는다.

보리가 익어가기에는 조금 이른 철이라 밤바람도 보통은 아니다.

친정의 동생들은 저녁이나 먹었을까. 걱정이 누님을 붙들어 매고 있다.

큰 동생은 공부는 지금까지 열심히 하고 있을까. 우리 집안의 희망인데, 열심히 공부해서 기필코 의사선생님이 되려는 꿈이 이루어져야 할텐데, 누님의 바람은 한결같다.

낮에는 시댁의 밭일에 얽매어 마을의 훈장질 밖에는 일이라곤 모르는 한량인 서방님과 외아들 권세가 하늘을 찌르는 시모를 모시며 누님은 이를 악물고 일을 하였다.

저녁 설거지가 끝나기가 무섭게 베틀을 타고 베를 짰다. 베 한필 한 필이 바로 당시에는 돈이었다. 악착같이 일한 덕에 시댁의 전답도 불려 나갔다.

다행히 남편은 책 읽는 재미와 어머니에게 조금 응석 부리는 것 이외는 외도라는 걸 몰랐다.

때로는 희미한 등불에 밤일을 계속하는 터라 눈이 어두워지고 눈물이 자주 나곤 했다.

그러나 물레를 돌려 실을 빼고 베틀로 무명베를 짜는 보람에 허리가 끊어지는 줄도 몰랐다.

벌써 들 판 저 편의 하늘이 하얗게 기지개를 켜기 시작 한다.

친정집 마루에 가만히 짐을 풀고 잠시 방안의 인기척을 살피다 돌아선다.

떨어지는 눈물 한 방울이 저고리의 앞섶을 적신다.

이를 악물고 더 날이 새기 전에 어서 시댁으로 돌아가야 한다는 절박함에 누님은 슬픔을 억누른다.

나의 아버지의 나 어린 시절에 엮인 삶의 단편의 시작 이었다.

강물은 그 끝이 있을까 〈2〉

-할머니와 반달

마을 사람들은 할머니를 송지댁으로 불렀다.

이분이 어떻게 해서 화원반도의 끝에서 끝으로 시집을 오게 되었는지 궁금했다. 집안 어른들이 단편적으로 전하는 말에는 할머니의 시어머니가 홍 씨인데 이분의 친정 연으로 중매가 이루어져 낯선 이곳의 신랑을 보게 되신 모양이다.

키가 작달막한 모습에 얼굴은 잘 발달한 훤칠한 이마가 인상적이다.

사람 얼굴께나 볼 줄 안다는 사람들은 할머니를 보고 어려서부터 영특하다는 말께나 들었을 거라고 칭찬을 하였다고 한다.

환갑이 지나서도 집에서 기르던 고양이가 몇 년 전에 죽었는데도 죽은 날짜와 시까지 심지어는 날씨까지 정확히 기억하고 계시어 주위 분들이 할머니의 기억력에 혀를 내둘렀다고 한다.

그러나 세월을 잘못 만난 할머니의 애타고 불을 품는 가슴아픔은 다른 사람은 잘 몰랐다.

제일 마음에 걸리는 게 둘째 아들이었다.

훗날 알게 되지만, 전쟁 중에 함경도 탄광으로 끌려간 후

전혀 소식이 두절이다.

마을의 서산댁 신안댁 아들도 군대에 끌려갔다고 한다.

팔자이거니 하면서도 애끓는 어미 속 아픔을 그 누가 헤아릴 수가 있을까,

세상이 하 어수선하여 누가 누구를 위로하며 살아가는 분위기가 아니었다.

그런데 며칠 전부터 마을 분위가 심상치가 않다. 사람들의 얼굴이 긴장되고 분주해진 느낌이다.

저녁에 이웃집 갑순이 엄니가 전하는 소리에 의하면 조선이 해방이 되었다고 한다. 해방이 무어 당가? 오매 일본 놈들이 전쟁에 졌다고들 한께, 난 잘 모르요 잉 세상이 난리요 난리, 해방은 이렇게 온 것이다.

그러나 둘째는 애타게 기다리는 어머니의 속도 모르고 아직도 소식이 없었다. 오늘따라 일손이 잡히질 않는다. 벼 이삭이 따가운 햇살로 익어가고 있을 무렵이다.

한밤중에 불쑥 괴물처럼 집안에 들어서는 사람이 있었다.

이것이 사람이냐 거지냐 아니면? 둘째였다.

탄광을 탈출하여 남으로 남쪽으로 오직 방향을 잡고 사람들에게 물어 물어 걸어서 찾아온 것이다

함경도서 가장 남쪽 땅인 이곳까지 몇 리나 된당가?

천 리? 이천 리?

거의 굶다시피 하여 피골이 상접 하나 두 눈 만은 아직도 살아 있다. 헝겊으로 맨 두 발은 상처로 피고름이 엉켜 있었고, 악취가 고약하였다.

할머니는 아들을 안고 한없이 울었다. 울고 또 울었다. 아

들도 어머니 품에 안겨 황소울음을 토했다.

어쩌다가 우리가 이런 신세가 되었당가. 무슨 죄가 있어 이런 몹쓸 세상에 태어나게 되었당가.

밤이 깊어가는 데, 반달 만이 이들 모자를 물끄러미 내려다보고 있다.

강물은 그 끝이 있을까 〈3〉

–소년과 초생달

탕탕 총소리가 콩 튀듯 한다.

차라리 사람들의 함성이라면 그 얼마나 좋으련만, 밤은 절박한 신음과 광기의 파도에 눌린 듯 가쁜 숨만 헐떡이고 있었다.

아버지와 소년은 조금 지대가 낮은 부엌에서 납작 엎드려 머리를 땅에 쥐어박고 있다.

총소리가 여기저기서 한바탕 소란하더니 갑자기 우리 동네로 가까워진다.

소년의 집 바로 옆에 소방서가 있었다.

갑자기 서 너 사람의 소방대원인 듯싶은 사람들이 소년의 집 마당으로 와창창 뛰어들더니 옆집으로 도망친다.

고개를 들 수가 없었다. 전쟁놀이는 실컷 해 보았지만 막상 총싸움 한가운데 있는 지금은, 정신이 거의 나간듯 싶다. 어서 날이 새야 할 텐데, 날이 새야 할 텐데, 그러나 왜 그렇게 총으로 싸워야 하는지, 도대체 누가 누구하고 맞서고 있는지 소년은 알 길이 없다. 무서움으로 공포만 그를 휘어잡고 있었다.

초승달이 홀로 외롭게 떠 있는 밤이다.

마침내 아침이 왔다.

한참 지나 사람들의 소리가 조금씩 들리기 시작한다. 어젯밤의 소동이 언제 그런 일이 있었냐는 듯, 사람들의 길 왕래가 점점 분주하여졌다. 이웃집 아저씨의 말로는 경찰서가 불탔다고 한다. 빨치산들이 나주 읍내로 쳐들어와 관공서를 습격하고 총질로 경찰관 몇 명이 죽었다고 한다.

아버지를 위시한 가족들도 얼이 빠진 모습이다.

한낮이 지나자 북 치는 소리가 들렸다. 밖으로 나가보니 읍내의 많은 사람들이 길을 메우고 있다. 두 손과 허리가 묶인 채 두 사람이 끌려온다, 고개를 숙인 채다. 옆에는 경찰관 아저씨들이 따라오고 이들의 앞에는 커다란 북을 가슴에 맨 북쟁이가 북을 치고 있다.

두 사람의 등 뒤에는 '빨갱이'라고 붓으로 쓴 종이가 붙어 있다.

어젯밤에 저놈들이 쳐들어와 불을 지르고 경찰서를 습격했다고 하네. 구경꾼 어른들이 속닥이는 소리를 들으면서도 소년은 그저 무섭기만 하였다.

빨갱이가 무어야? 어른들은 아이들이 잘 모르는 소리만 하여, 두려움에 갇힌 소년은 어른들을 오래 쳐다볼 수도 없다.

거리의 이곳저곳에는 군인들이 총을 들고 지키고 서 있었다. 나중에 안 사실이지만 광주에서 군인들이 반란군을 잡으러 왔다고 한다.

총소리의 무서움과 사람들의 나지막한 음성 가운데 섞인 분노와 공포의 장면을 소년이 처음으로 만난 순간이다.

군인들이 읍내에 주둔하고 있는데도 멀리 떨어진 영암의 국사봉에서 횃불이 밤마다 불야성을 이루고 사람들을 겁에 질리게 만들었다.

사람들은 군인들과 나주 읍내 사람들을 향한 빨치산들의 위협이라고 숙덕이면서 불안한 모습이다.

세상에는 이런 무서운 일도 있구나, 소년의 가슴 한가운데가 뻥 뚫려 찬바람이 쌩하고 지나가고 있다.

그러나 소년은 몰랐다. 불과 두 해가 지나 참말로 큰 전쟁이 터질 줄을, 이 세상 일이 대부분 예측할 수 없는 것임을 소년이 어떻게 짐작이나 할 수 있을까.

전쟁놀이의 신나는 것 밖에 모르는 아이에게 진짜 전쟁이 어떠한 모습으로 달려올 줄을 그가 알 길이 없다.

강물은 그 끝이 있을까 〈4〉

-돛단배를 타고

부두는 살벌함으로 가득 차 있다.

생명의 위협 앞에 놓인 사람들의 눈빛은 맹수를 닮아갔다.

충혈 된 두 눈과 무서운 표정에 소년은 덩달아 주눅이 들었다.

인민군이 두서너 시간이면 이곳 목포항에 들이닥친다는 소문에 사람들은 정신이 없었다.

아버지를 졸졸 따라다니며, 행여나 놓칠세라 꼭 쥐는 손에 힘을 준다. 피난 가는 배들은 이미 모두 떠났다고 한다. 그래서 사람들은 더욱 당황했고 절박한 심정으로 어쩔 줄을 몰랐다. 돛단배 한 척이 마지막으로 남아 있었다.

부두에서 조금 떨어진 배 위에는 이미 사람들이 빼곡히 들어 차 있어 배가 힘겹게 물에 잠겨 있다. 겨우 그 배를 우리 가족은 함께 탈수가 있었다.

사람들은 어서 떠나자고 재촉한다. 부두에 남아있는 사람들 중에는 애타게 손짓을 하며 돈다발을 꺼내어 흔들어 댄다.

여기 돈 있어요, 얼마든지 줄게요,

어떤 사람은 금붙이를 꺼내어 흔든다, 여기 금 있어요, 금

이요, 그때였다. 사복을 입은 한 사람이 총을 든 채로 헐레벌레 달려왔다.

부두에 도착한 그 사람은 절박한 상황을 보자 손짓을 하고 목선의 선원에게 목청을 높여 부른다.

나 경찰관인데 빨리 배를 대시오.

그러나 배가 떠날 기미다. 그는 총을 들어 배 위로 총을 쏘았다. 그러나 차마 배 위의 사람들에게는 총질을 못 한다.

배는 만선으로 항구를 서서히 빠져나갔다. 부두에 남아 있는 사람들의 안타까운 모습을 남겨두고 서다.

밤바다는 뱃전을 가르는 물소리만 들리고 있었다. 피곤과 공포에 지친 사람들은 모두가 눈을 감고 있다.

별똥별이 밤바다 위로 떨어지고 있었다. 소년에게는 새로운 세상이 그저 무섭기만 하였다. 하늘의 별들도 달빛조차 그에겐 언제 무서운 표정으로 다가올 존재인 것 같아, 공포의 대상이 되었다. 밤바람을 뒤로 한 배는 섬을 빠져나가고 있었다.

한밤중에 사람들이 배에서 내린 곳은 해남의 어느 이름 없는 포구였다.

피난 가는 길이 이렇게 힘 들어서야, 어른들의 한숨 소리가 여기저기서 들린다.

소년의 가족은 고향으로 피난길을 잡았다.

강물은 그 끝이 있을까 〈5〉

-밤은 울부짖고

비 내리는 밤이다. 간간이 뇌성이 사람의 간을 움츠리게 만들었다. 번개도 사정없이 치고 이었다. 그 사이로 앞산에서 총소리가 계속 들렸다.

소년은 이불을 둘러쓰고 몹시 떨고 있었다. 탕탕 총소리는 무서운 밤의 공간 사이로 울려 퍼지고 있었다.

밤은 왜 이렇게 긴 동굴인가. 공포의 시간은 새벽이 되어서야 조금 진정 되였다.

비도 그쳤다. 어스름한 밖을 몰래 내다볼 수밖에 없다.

우선 궁금했다. 지난 밤의 총소리의 정체가 궁금하였다. 날이 점점 밝아오자 앞산 등성이에 하얀 물체들이 눈에 띄었다. 울렁이는 마음을 진정하고 다시금 찬찬히 살펴보니 그건 분명히 사람이었다.

시체였다. 하나 둘 셋 ... 열댓 까지 세다가 그만두었다. 다시금 무서움이 소년을 짓눌렀다.

어제 경찰이 진주하여 면사무소를 접수하였다는 소문이 있었다.

마을의 민청이나 여성 동무들 같은 사람들은 이미 타지로 튀었다고 어른들이 수군대는 것을 몰래 엿듣는다.

전쟁은 소년도 세상 물정에 눈을 뜨게 만들고 있었다.

앞산의 저 사람들은?

지방 유격대, 아니면 인민군이 들어와 거드럭거리던 부역자들? 아니면 지방 유격대가 도망가면서 우익인사와 가족을 학살한 것이 아닐까. 나름으로 생각하면서도 그 이상 알 수도 없고 생각하기도 싫었다.

구역질이 올라왔다. 가슴을 쓰려내도 구역질은 점점 심해지고 있었다.

소리를 듣고 달려오신 어머니가 아니었으면, 소년은 아마 그 자리에서 죽음을 맞이했을 줄도 모른다. 마을 사람들은 며칠 지날 때까지, 더 이상 앞산에서 눈을 피했다.

죽은 사람의 가족인가 싶은 사람들이 나타난 것은 한참 후 일이었다. 그들은 눈물도 울음도 없는 사람들처럼 시체를 남모르게 거두어 갔다.

마을 사람들은 분명히 아니었고, 가까운 마을에서 줄초상 보았다는 소문도 없었다. 죽은 자는 말이 없고 산자들도 이들의 죽음을 입에 올리는 것을 꺼렸다. 죽음의 허무함이 소년의 가슴에서 주홍글씨로 남아 있었다.

이 산하에서 살고 죽음을 맞이할 때까지 그의 영혼의 한구석에 자리 잡고 있을 수밖에 없는, 비극의 초상화다.

푸른 꿈을 향하여 달려가는 소년에게 어른들의 싸움질로 깨어진 유리 파편에 찔린 발의 상처를 치료할 사람은 오직 자신만 임을 깨닫게 된다.

강물은 그 끝이 있을까 〈6〉

-회오리바람은 불고

마을은 정적이 감돌았다.

여름이 막바지로 치닫고 있었지만 무더운 기운을 모르는 듯, 사람들의 표정은 긴장으로 웃음이 사라졌다.

마을 뒷산 아래 단독으로 있는, 아버지가 아시는 분의 작은방 한 칸을 빌려 피난생활은 시작되었다.

식량은 친척 집에서 우선 변통을 해 오셨다고 한다.

그러나 땔 나무는 자급자족할 수밖에 없다.

주인 집 아들인 내 또래의 소년과 함께 뒷산으로 나무를 하러 가야 했다. 남의 산에서 나무를 베는 일은 잘못 하다간 큰 욕을 보게 됨으로 소나무 잎을 갈퀴로 훑어 모아 가지고 와서 땔감으로 사용한다.

처음으로 해보는 일이 결코 수월하지가 않았다. 소나무 낙엽을 둥지로 만들어 등에 메고 산을 내려오면서 소년은 자주 굴러 넘어지곤 하였다. 나지막한 산이라 정상에 오르면 바다 너머로 목포항이 멀리 보였다.

거의 날마다 쌕쌕이가 시가지와 부두를 내리꽂으며 폭탄과 기관총을 쏘아대고 있었다. 어른들은 호주댁의 친정 비행기라고 했다.

하늘에서 수직으로 내리꽂다가 다시 하늘로 잽싸게 오르는 그 재주 구경에 시간 가는 줄 몰랐다.

소년에게 왜 무서움이 없겠는가. 그러나 호기심이 그를 더 사로잡았다.

초등학교 5학년에겐 전쟁 가운데서 공부는 할 염두도 못 냈다. 마을의 인심도 점점 각박해지고 사람들의 표정도 어두워졌다.

전쟁 중에도 아픈 사람은 생기기 마련이다. 마을에 의사선생님이 피난 와 있다는 소문을 들었는지, 먼 마을에서조차 왕진을 청했다.

마을은 완장 찬 사람들이 드나들고 회관에서는 인민군 군가를 가르쳤다.

그러던 어느 날, 주인집 아들인 친구와 그의 중학생 형과 함께 뒷산으로 나무를 하러 갔다. 갑자기 저 멀리 산 아래에서 사람이 보이더니 두 사람의 군인〈?〉이 쏜살같이 산을 올라왔다.

손 들었! 총을 겨누었다. 세 아이들은 번쩍 손을 들고 투항했다.

어젯밤에 면 지서에 잡아 가둔 경찰관 세 사람이 탈주했다고 한다. 이들을 잡으러 수색하고 있는 차에 산 위의 사람들을 발견하고, 한 쪽에서는 틀림없이 탈주범이니 따발총으로 갈기자 하고 다른 사람은 아무래도 좀 이상하니 더 접근해 보자고 의논이 심각하였다고 한다. 구사일생의 순간이었다.

전쟁과 함께 시간도 흐르고 있었다.

추석이 지나고 아버지는 누이동생을 데리고 급환 환자의

왕진을 가는 중에 진도에서 철수하는 인민군들과 만나고 말았다. 그들은 아버지를 검문하였다. 의사란 대답에 선생님 저희들 좀 치료해 주시오.

여기저기서 외상으로 망가진 다리며 헝겊으로 맨 팔을 내밀었다. 간단한 치료를 해주자 그들은 고맙다는 인사와 함께 바삐 영암 쪽으로 철수하였다고 한다.

나중에 들려온 소식은 이들이 지리산으로 들어가 북쪽으로 돌아간 부대원의 일부라고 한다. 마을에서도 철수하는 인민군을 따라 나선 청년들도 있었다.

전쟁처럼 사람의 운명을 한순간에 좌지우지하는 경우가 또 있을까.

만약에 아버지를 그 사람들이 연행하였으면, 우리 가족은 어찌 되었을까.

아찔한 순간 임을 깨달은 것은 소년이 먼 훗날 철이 들어서다.

강물은 그 끝이 있을까 〈7〉

-휘파리 골목 습격사건

전시 중에도 사람들은 여전히 먹고사는 일에는 열심이었다. 소년은 세상이 어떻게 돌아가는지, 왜 부모님의 얼굴이 항상 긴장되고 어두운지 알 길이 없었다. 전쟁 때문이구나 하는 막연한 생각으로 학교와 집을 오갔다.

중학교도 학도호국단이라는 학생조직이 만들어져 있었다.

전쟁 중이라 사회의 모든 조직이 전시 편제로 되어 있어 학교라고 예외는 아니었다.

어느 날 운동장에 전교생이 모이라는 소식이 왔다.

연대장 〈총학생회장〉이 구령대에 서서 일장의 훈화 비슷한 말을 거품을 물고 토해냈다.

북진 통일을 위하고, 공산 오랑캐를 무찌르기 위해서는 우선해야 할 일이 있다고 한다.

무슨 일이지?

이미 귀띔을 받은 친구들은 교복 위 단추를 풀더니 흥분된 목소리로 어서 가자 쳐부수러!

대다수 학생들은 이들을 따라나설 수밖에 없다. 선생님들도 뒷전에서 학생들을 따라나선다. 선창으로 우리는 물밀듯이 쳐들어갔다. 부두에서 약간 떨어진 후미진 골목의 거리를 오래전부터 〈휘파리 골목〉으로 사람들은 부르고 있었다. 항구의 유명한 사창가였다.

평소에 그곳 앞을 지나면, 야릇한 옷에 얼굴에 화장을 진하게 한 어린 여자들이 껌을 씹으며 호객을 하는 광경을 더러 보았다.

로마를 공격하는 병사들처럼 수백 명의 학생들의 기세에 부두의 사창가 골목은 일시에 쑥대밭이 되고 말았다.

무찌르자 오랑캐, 학생들 입에서 자연스럽게 구호가 터져 나오기 시작한다. 기물을 짓밟고, 발로 걷어차고, 우리는 영웅이다. 젊은 여자들 앞에서는 천하의 애국자였고, 우국지사였다. 북진통일과 홍등가의 습격이 어떠한 연관을 맺고 있는지, 알지도 못했다. 낭패한 어린 소녀들 앞에서는 아무것도 꺼릴 것이 없었다.

학교로 돌아와 흥분을 가라앉히자 자괴감이 몰려오기 시작했다. 싸워 이기는데, 〈휘파리 골목〉의 습격으로 무슨 연관이 있지? 이때의 치졸했던 나의 행동은 두고두고 마음 한가운데 부끄러움으로 남았다.

전쟁은 미친 놀음이다. 그 누가 말했나. 우리들 생애에서 이러한 과정의 아픔과 부끄러움을 반드시 거쳐야 하는 것인가.

강물은 그 끝이 있을까 〈8〉

-베트남 전쟁터로 가다

부산항 제3 부두에는 이미 많은 학생들이 나와 있었다.

오랜 전쟁으로 월남에 파견되는 장병들을 위한 환송식이 이곳 부두에서 열리곤 한다.

태극기를 흔들며 맹호부대 노래를 위시한 군가를 연달아 부르며 파월 군의 사기를 복 돋는다. 12,000톤의 수송선 업셔 호가 그 거대한 선체를 부두에 대고 있다. 외국으로 파병 가는 장병들의 표정은 불안감 호기심이 섞여있다. 각 제대별로 전우들과 서로 이야기를 나누고 있다. 날씨도 비교적 화창하였다.

환송식이 끝나고 드디어 배가 출발할 시간이 되었다. 부우웅 뱃고동이 길게 울리는 순간 갑자기 배에 탄 장병들이 조용해진다. 손을 흔들고 있는 학생들과 환송객을 배 위에서 내려다보는 표정들이 점점 심각해진다.

그때다, 할머니 한 분이 부두를 향해 손을 흔들며 달려오고 있었다.

배 위까지는 잘 들리지 않지만 전쟁터에 파견되는 손자 이름을 부르실까, 배는 긴 뱃고동 소리를 내며, 서서히 선수를 틀고 있었다. 뱃전에서 멀어져 가는 항구와 조국의 풍경을 오래 기억하고 싶은 젊은이들, 어떤 사병은 뱃전에 얼굴을 묻고 눈물을 흘리고 있다.

배는 외항을 지나 남지나해로 접어들었다. 다행히 날씨는 쾌청이고 항해에는 별 지장이 없을 거라고 한다. 중국 대륙을 될수록 멀리하고 대만 쪽으로 방향을 잡던 수송선이 중간에 갑자기 항로를 바꾸었다고 한다. 남지나해의 항로 부근에 소련의 잠수함이 출현하였다는 정보가 있었기 때문이다. 필리핀 방향으로 항로를 바꾸어 월남으로 간다는 선내 소문이 돌았다.

항해는 비교적 순조롭다, 푸르다 못해 시커먼 가 없는 바다에 압도된다. 이런 날씨는 아주 평온한 편이라는 데도 파도의 크기가 대단하다. 바로 이곳에서 일본 제국주의가 마지막 발악으로 거함 〈아마도〉전함을 출항시켜 일본 본토를 행해 진군하는 미 해군을 막고자 했던 그 장소다.

바닷속 길목에 숨어있던 미 해군의 잠수함의 습격으로 일본 최대의 전함은 이 바다에서 처참한 모습으로 격침의 운명을 맞이한다.

필리핀 쪽으로 접근하면서 바로 이곳에서 바다와 공중에서 죽음을 각오하고 싸웠던 젊은 군인들을 생각한다.

나트랑의 최종 도착에 앞서 잠시 키 논항에 기착했다. 이곳은 맹호부대의 작전구역이다. 106야전 병원장인 김 대령께서 배에 올라 나를 찾는다.

"대위, 당신은 우리 병원으로 올 사람이니 나트랑을 거쳐 오라"고 지시한다.

만 5일 걸려 배는 무사히 베트남의 냐트랑 항에 도착하였다. 바다 색깔이 배춧잎 색깔이다. 멀리 야자 숲이 보이고 많은 건물들이 보였다.

강물은 그 끝이 있을까 〈9〉

-도마뱀과 친구가 되다

베트남에서의 첫날밤이다.

보충대 막사의 침대에 누워서 잠을 청하나 도저히 잠이 오질 않는다. 대낮에 달걀을 햇볕에 놓아두면 익는다는 허풍이 참말처럼 버젓이 입에서 입으로 건네는 곳이 바로 전쟁터다.

더위에 천정의 선풍기 돌아가는 소리만 요란하다, 팬티만 입고 뒤채고 있는데, 천정에서 느닷없이 찍 찍 하는 소리가 들렸다. 놀래서 불을 켰다. 천정이며 방벽에서 도마뱀들이 춤을 추고 있다. 까악, 평소에도 뱀 종류 같은 파충류를 싫어하는 나에겐 너무 놀랄 사건이다. 모기장 밖에서 한국에서 새로 온 사람을 환영식 하느냐. 애써 생각을 돌린다. 그러나 도저히 잠이 올 리가 없다.

다음 날 주월 군사령관에게 신고식을 하게 되었다. 사령관은 이세호 중장이다. 신고식을 마치며 사령관께서 한 사람씩 악수와 함께 격려의 말씀을 하신다.

귀관은 전공이 무언가?

넷, 소아과 전문의입니다.

무어라, 이젠 전쟁터에 소아과 의사까지 보내는구먼.

사령관은 많은 사람들 앞에서 박장대소를 했다.

맥이 탁 풀렸다. 나라의 특명에 의해 이곳 전쟁터까지 온 사람에게 하는 사령관 말씀에 눈을 내리깔 수밖에. 내가 어떻게 이곳까지 오게 되었는지 사령관이 아실 리가 없지.

전쟁 중에는 항상 비정상과 정상이 뒤섞여 흘러가는 일이 다반사 임을 사령관은 왜 모르실까. 50여 명의 사병과 장교 몇 사람을 책임지고 퀴논의 맹호부대로 인솔하는 선임 장교로 비행기를 탔다.

전쟁터의 숨이 막힐 듯한 긴장은 여전히 이곳저곳에 널려 있다.

강물은 그 끝이 있을까 〈10〉

-풀피리 소리

당시 국군통합병원에도 편제상에 소아과가 필요하였다. 군인가족이나 대민 진료를 위한 것이고, 군병원에서 수련을 받는 군의관들을 위해서였다.

전방부대의 의료진을 강화하는 방침에 따라, 전 같으면 최소한 전방의 이동외과병원에 근무할 경우인데도 최전선에서 군의관 생활을 하였다. 그것도 의무중대장을 일 년간 지내고 이곳 통합병원으로 온 지가 불과 몇 달 밖에 지나지 않는다.

병리 시험과장을 겸직하라는 병원장의 명령이다.

군대에 헌혈운동이 활발하지 않을 무렵에는, 헌혈을 독려하기 위해 포상휴가로, 또는 민간인의 혈액은행에서 돈을 주고 혈액을 사와야 했다.

혈액이 부족하여 수술이나 응급환자를 돌보는데 많은 지장을 받고 있다.

그러나 헌혈에 대한 인식이 점점 좋아지고, 여기에 따르는 여러 혜택이 늘어나자, 혈액을 돈 주고 사 오는 일은 거의 없어졌다.

과에 소위 혈액 구입자금이 남게 되었다, 한마디로 공중에 떠 있게 된 셈이다.

반납할 방법도 마땅치 않다고 한다.

이것 때문에 문제가 이곳저곳에서 여러 건 발생되었고 처벌을 받는 사람이 늘어났다, 신문에도 간간이 보도되었다.

원장은 군의관 출신인 해군 대령이었다. 남은 혈액 기금을 정리하라는 은근한 압력이었다.

견디다 못해, "원장님께서 정식으로 명령을 주십시오." 하고 요청하였다. "군대는 명령이 기본이니까, 그리해주십시오."

원장은 노발대발하였다.

얼마 후 국방부에서 연락이 왔고 내 신분이 국방부에서 육군으로 넘어감과 동시에 파월 특명이 내렸다고 한다.

그 무렵 대학에서 학위 심사 일정이 잡혀있는 상태였다. 그 당혹감은 말할 수 없다.

국방부로 육본으로 찾아가, 파월의 부당함을 호소했으나, 대통령의 취소 특명 없이는 불가능하다는 마지막 대답이었다. 전방부대에서 고생하다가 다시 파월 하라니, 당시에는 전례가 그리 많지가 않는 경우였다. 그러나 명령이니 어찌할 수가 없었다.

파월 부대의 집결지인 강원도로 가는 날 아침, 기차역으로 은사이신 손 철 교수님이 배웅 나오시어 눈물을 흘리시었다고 귀국 후에 전해 들었다.

전쟁터에 가는 남편을 바라보는 아내는 부석 부석한 얼굴이었으나 잘 다녀오라는 격려다.

오냐, 가자, 남도 모두 가는 전쟁터인데 나라의 명령이면 가야지, 하고 독하게 마음을 다잡았다.

그러나 눈물이 나오는 것은 어쩔 수가 없었다.

베트남에서 귀국 후 제대 무렵에 우연히 국방부 복도에서 그 원장을 만났다. 나를 발견한 그는 손을 흔들며 반가운 체를 한다.

나 하고 월남 가는 일하곤 전혀 상관없어, 오해 말아!

그래요? 덕분에 구경 잘 하고 무사히 돌아왔습니다, 단결!

인생살이는 살면서 배워가는 것인가.

강물은 그 끝이 있을까 〈11〉

–말라리아와의 인연

땅은 태양열로 뜨겁게 달아오르고 하늘은 이를 식히려고 비를 내리쏟았다.

전장의 한가운데라고 이상한 생각이 들 정도로 고요함이 깔려있다는 착각은 구조헬기인 다스 톱의 요란한 프로펠러 소리에 중단되고 만다.

때때로 이곳이 전쟁 터 맞아? 스스로 묻는 때도 있다.

야전병원에서 멀리 떨어져 있는 미군 헬기 공격부대에서 선제공격으로 밤낮을 가리지 않고 주변의 정글에 폭탄을 투여하는 그 시간 외는 세상이 고요하다.

베트콩의 대규모 공격작전이 있는 경우는 병원 모든 사람이 정신이 없지만, 작전이 뜸한 경우는 각 중대 기지를 중심으로 한 크고 작은 매복전투에서 다친 병사들이 구조헬기에 실려 온다.

주로 총상이니 부비트랩의 폭발로 다친 경우다.

이런 때는 병원이 바쁘게 돌아가고 긴장감이 넘치게 된다.

정글로 들어간 수색조의 병사들은 색깔이 화사한 과일은 절대로 따먹지 말라고 교육을 받았는데도, 호기심으로 맛보고 말아, 온몸이 붓고 붉은 반점이 생기며 통증으로 신음과 함께 후송되어 온 경우도 있다.

내과부 소속의 군의관들은 말라리아를 위시한 열대성 질환의 환자를 치료하는데 바쁘다.

평소에 부대에서 말라리아의 예방책에 대한 교육을 충분히 받고도 매일 예방약을 먹는다고 하나 여의치 않게 걸리는 경우가 많았다.

말라리아 가운데서도 가장 악성 종류인 열대성 말라리아에 걸리게 되면 급격한 악성빈혈을 가져와 목숨을 잃는 경우가 있다.

기갑연대의 어느 중대기지 막사를 부대장이 시찰 갔다.

다른 부대원들은 모두 전투에 나갔는데, 내무반 한구석에 모포를 두르고 쓰러져서 몹시 앓고 있는 병사가 보였다.

선임하사는 이 자식이 그동안 전투에 가지 않으려 꾀를 부리고 있다고 보고했다. 얼굴은 창백하고 숨결은 다급한 상태였다. 부대장은 불같이 화가 나서 선임하사의 따귀를 갈겼다. 당장 후송하라고 불호령을 내렸다. 헬기에 실려 온 병사의 빈혈 상태는 최악이었다. 시간을 다투는 상태다. 병원에 비치된 혈액이 부족하여 필리핀 클라크 기지로 급히 연락하였다.

월남전에 참전한 미군들을 위하여 미국의 민간단체의 활동으로 국민들의 자발적인 헌혈 때문에 풍부한 혈액이 비치되어 있다. 한국군도 이를 이용할 수가 있다.

다음 날 특급으로 충분한 혈액이 필리핀으로부터 공수 되어 도착했다. 이 병사는 상태가 점점 호조 되었고 며칠 후 클라크 기지를 거쳐 대구로 후송되었다.

거의 10년 이 지나서 제대 후에 병원 일을 하고 있을 때다.

시골서 어느 젊은 부부가 찾아왔다고 한다. 상대방은 반가운 얼굴로 방을 들어서는데 얼른 기억이 나질 않는다.

저 모르시겠습니까, 손 아무개입니다, 그의 입술을 물끄러미 쳐다보고 있는데, 월남에서 뵈웠습니다, 군의관님이 저를 살려 주셨지요.

엉, 그때야 기억이 되살아났다. 수소문하여 찾아왔고, 꼭 고맙단 말씀을 드리고 싶었습니다.

전남 고흥에서 결혼하여 조그만 사업을 하며 잘 살고 있다고 한다. 옆의 젊은 부인이 들고 온 정성스럽게 싼 보퉁이를 내밀었다.

저희들이 빚은 떡입니다 맛있게 드셔요.

찾아주신 것만 해도 감사한데, 잘 먹지요, 정말 반갑습니다. 말라리아로 인한 인연이다.

강물은 그 끝이 있을까 〈12〉

-월남 개 〈다낭〉

이 월남 개는 베트남 북부에 있는 최대의 공군기지 다낭이 고향이다.

해병대 청룡부대가 그쪽 지방에서 작전을 하고 있을 때 어느 중대에서 강아지를 주어와 길렀다고 한다. 영리하고 사람을 잘 따라, 살벌한 전쟁터의 병사들에게서 무척 사랑을 받았다는 소문이다.

어떻게 해서 이 개가 멀리 떨어진 이 지방까지 오게 되었는가는 아무도 몰랐다.

청룡이 철수하면서 맹호부대원에게 준 것이 우리 병원까지 오게 되는 계기가 된 것이 맞는 말 일 것이다.

부대원들이 파병 임무가 끝나면 곧바로 귀국하는 판에 전장에서 아무리 귀엽다 해도 한계가 있다. 이제는 제법 커서 당당한 모습이다. 야전병원에는 월남 민간인들도 식당을 비롯해서 여러 사람이 일을 하고 병원에 더러 월남 민간인들이 치료 차 들리는 경우도 있었다.

다낭은 이미 우리 숙소의 불침번이 되었다. 물론 숙소 당번병이 드나드는 사람을 살피고는 있지만, 월남인들이 행여나 병원 구내를 헤매다 숙소 근처에 접근만 하면 맹렬히 짖는다. 불빛이 번쩍이는 두 눈으로 월남 사람을 물어뜯을 듯 달려드니 기겁을 하여 도망칠 수밖에, 이상하게도 처음으로 이곳을 방문하는 한국 사람에겐 전혀 그런 일이 없었다.

어느 날, 점심을 먹고 숙소에 와 낮잠을 잠깐 자려고 온 참에 마당에 시꺼먼 것이 꿈틀 거리며 트위스트를 추고 있다.

거의 1 미터가 넘는 커다란 뱀이었다. 그것도 이곳 뱀 가운데 가장 독종이라는 청사였는데, 다낭이 이놈과 기 싸움을 하고 있었다. 그러나 그 사나운 다낭도 함부로 달려들지 못하고 맹렬히 짖기만 한다.

뱀이 어디로 가나 살피고 있는데, 맙소사, 나의 방 안으로 쑥 들어가고 있다. 다낭은 더욱 짖어대고, 당번병과 숙소의 사람들까지 모두 나와 상항을 보고 있다. 실랑이 끝에 캐비닛 뒤에 숨어있는 뱀을 잡았다, 두 당번병은 껍질을 홀랑 벗겨서 당장에 마당에서 불에 구워 먹어 치웠다.

시간이 흐를수록 동물에 대한 생각도 달라지는가. 한국 사람들에겐 살랑살랑 꼬리를 흔들며, 온순해지는 월남 개에 대해서 얄미운 생각이 들기 시작한다.

동물에게 인간의 심성을 기대하려는 사람의 오만한 자세임을 알면서도 야릇한 감정의 흐름은 어찌할 수가 없었다.

두 당번병은 나의 이러한 마음의 흔들림을 눈치 챘는지 자꾸만 충동질 한다.

월남 보신탕 안 먹어 보셨지요?

월남 개는 참말로 맛있다고 하던데요.

아서라, 그놈이 내 속으로 들어오면 그 얼마나 내 마음속이 더욱 요동치겠나.

우리가 모두 떠난 후에 이 월남 개의 운명은 과연 어떻게 되었을까.

강물은 그 끝이 있을까 〈13〉

-남십자성 아래서

밤은 긴장감으로 터질듯하다.

베트콩의 구정공세를 맞이하여 야전병원도 최상의 경계태세를 유지하고 있다.

주변의 정글을 통하여 침투하는 적의 매복조를 발견하는 일이 급선무다. 순찰조에 편성된 나는 자다가 한밤중에 일어나, 무장을 하고 숙소를 나섰다. 주변의 참호에는 이미 초병들이 침투하는 적을 발견하려고 온 신경을 곤두세우고 총을 겨누고 있다.

낮의 고단한 임무에 밤의 야간 경계임무 또한 보통 일이 아니다. 자기도 모르게 참호 속에서 스르르 잠에 빠지려는 병사를 감독하는 일이 바로 나의 오늘 밤 임무였다.

미군 헬기 부대에서는 야간에도 주변의 정글을 향해 공격을 계속하고 있다.

남십자성이 내려다보고 있는, 한밤중의 길을 혼자서 순찰할 때의 기분은 이상 야릇 하였다.

두려움보다는 이 세상에 나의 전우들과 함께 이곳에 외톨로 남겨진 듯한 감정이다.

병원 영안실은 구역 내의 외진 구석에 있었다. 바로 그 뒤편으로 베트콩의 침투가 예상되는 정글이 시커먼 모습으로 흉물스럽게 나를 기다리고 있다.

영안실 안에 불빛이 있는 걸로 보아 전투에 희생된 병사가 실려 온 모양이다.

멀리 이국 땅에 나라의 부름으로 파병되어 결국 주검이 된 병사를 생각하면 너무 안타깝다. 외로운 등불과 함께 정글 가운데 잠들고 있는 이 모습을 고국에서 그를 기다리고 있는 가족들은 상상하지도 못 할 것이다.

젊은 주검 앞에 기도를 드린다.

오늘따라 밤하늘의 수많은 별들이 더욱 뚜렷이 빛나고 있는 것 같다. 별똥별이 밤하늘을 가르며 흐르고 있다. 가족들 생각이 난다. 나이 어린 내 아들들은 잘 있을까.

어린 시절에 밤하늘을 올려 쳐다보며 별을 헤아리던 일이 떠오른다.

어느 별이 내 별이었을까.

그 별이 여전히 나의 별일까.

밤 하늘을 뚫고 다스 톱 헬기의 소리가 병원을 향해 요란한 소리를 내며 급히 날아오고 있다.

정글 속 어느 곳에서 전투가 일어난 모양이다.

강물은 그 끝이 있을까 〈14〉

-월맹군 장교 쫑

검게 탄 얼굴은 이목구비가 비교적 뚜렷하다.

자그마한 체구로 베트남 사람들의 특유한 몸집이 날렵한 인상을 준다. 그는 훈련을 잘 받은 월맹 정규군의 장교로서 언행은 신중하였다. 그가 수용된 병동의 방에서 병원 사람들과 장기를 두고 있다. 쫑은 전투 중에 한국군에 포로로 잡힌 경우다.

장교는 많은 정보원이기 때문에 각별한 심문을 받고 관리 대상이 된다. 정보부대에서 그를 병원에 입원시킨 것도 부상 치료 겸 일종의 회유책도 있다. 그가 얼마나 많은 정보를 우리에게 주었는지는 잘 모른다. 그는 환자로서는 모범생이라고, 그를 치료했던 군의관들은 말하였다.

병원에서 기거하기 시작 한지가 몇 개월 째다.

그동안 병원 사람들과도 친해져서, 서툰 한국말도 몇 마디는 할 줄 알게 되었다.

파리에서 휴전회담이 오랫동안 하는 것도 알고 월맹군의 구정공세도 주위에서 하는 말과 눈치로 알고 있었다.

짓궂게 구는 사람들이 그에게 질문한다.

쫑 소위, 우리가 이 전쟁에서 승리하는 게 맞지?

그는 단호하다. 우리 지압 장군이 반드시 승리할 거야, 한국말은 잘 못하나 그의 표정이며 섞어서 하는 어휘로 보아 그런 주장이다. 정보부대 사람들 말로는 아무리 전향을 권유하나 그는 초지일관이라고 한다.

그러나 전쟁이 급박하게 돌아갈 때는 평소에는 그렇게 동정심이 가던 쫑 소위에 대해서도 적개심이 저절로 솟아난다고, 여러 사람이 말하고 있었다.

이게 바로 전쟁의 진실일 것이다.

아마 저 녀석도 마찬가지 일거야.

전쟁의 야만성과 무자비함을 모르는 사람들이 전쟁을 미화한다.

죽느냐, 사느냐의 갈림 길에 서 있는 절박한 존재가 바로 나라의 명을 받아 전장에 투입된 군인들의 운명이다.

쫑 소위, 그대는 지금 베트남의 어느 곳에 살고 있나.

우리 모두가 자기의 조국을 위해 싸웠다는 그 사실을 기억하기 바란다.

강물은 그 끝이 있을까 〈15〉

-국민을 차등으로 만드는 나라

고국으로 휴가를 가게 되었다. 오랜만에 가는 내 나라는 어떻게 달라졌을까. 궁금하였고 그리운 가족들을 볼 수가 있다고 생각되니, 대단한 설렘이다.

대구에 도착하여 서울로, 다시 광주로 가야 하나 차편이 마땅하지가 않다. 전주로 갔다. 한 걸음이라도 집에 가까운 곳이 좋을 것 같은 생각에서였다. 당시에는 고속도로도 없었고, 도로 사정이 좋지 않아 전주에서 광주에 가는 차편을 늦은 저녁 시간에는 구할 수가 없었다. 할 수 없이 여관을 찾아들었다.

군복 어깨의 십자성 마크를 쳐다본 여관 보이가 대뜸 말을 건다.

"월남에서 오셨어요?"

"그래요."

"돈 많이 벌었어요?"

순간 자제력이 폭발을 하였다. 아직 전쟁터의 긴장이 남아 있는 탓일까.

"뭐야, 함부로 말을 하는 거야, 그래, 국가의 명령으로 전쟁터에 갔다."

소리를 빽 지르며 나도 모르게 손이 올라가려고 한다.

"왜 이러십니까, 난 그저, 별생각 없이 한 말입니다, 참으세요."

밤잠이 오질 않는다. 참전하는 군인이 돈 벌러 가는 서부의 건달들로 국민들이 보고 있구나 하는, 자괴감과 허무가 물밀듯 하다. 정글 한가운데 한국군의 중대 기지가 있어, 건강검진과 치료차 간호장교들과 헬기로 순회진료를 한다.

그들은 새까맣게 탄 얼굴로 세수도 변변히 못한 얼굴이 태반이다. 식수는 미군 헬기로 공수되어 공급받는데, 그 수량이 적어서, 항상 부족하다고 한다. 상급자가 세수를 하고 난 그 물에 다음 사람이 하고 또 그 물로 다른 사람이 얼굴을 씻고. 병원의 간호장교를 동반하니 이들은 반색이다. 서로 혈압도 재고 진찰을 받으려고 한다.

오로지 이곳 정글 한가운데서 일 년 남짓 복무 기간이 끝나면, 귀국 명령이 떨어진다,

동네 사람들은 월남 이야기를 들려달라고 그를 쳐다보나, 그에게 전쟁 이야기 기후며 정글 이외에 많은 이야기 거리가 없다.

귀국할 때 잘 하면 그때는 귀중품에 들던 텔레비전 하나를 그 고생하면서 받은 봉급으로 사서 돌아가면, 사람들은 아무개 아들이 월남 가서 돈 벌어왔다고 소문이 자자하였다.

살기가 어렵던 시절 목숨을 걸고 전쟁터를 자원하였던 병사도 있을 것이다.

그러나 대부분의 병사는 국가의 명령에 따라 당연히 국가에 대한 충성과 의무라고 생각 한 것이다.

외상 환자가 만원을 이룬 중환자실에 들릴 때, 손목과 발목을 폭탄과 총상으로 잃은 부상병, 그들은 전공 상으로 주어지는 시계를 팔에 걸치고 있었다.

이곳에 입원되어 있을 때는 비교적 명랑하고 잘 버티던 그들도 막상 본국으로 후송되어 치료를 받는 중에 자기의 처지를 비로소 심각하게 느끼는 듯, 절망하고 안타까워하는 병사가 많았다고 한다.

강물은 그 끝이 있을까 〈16〉

-국민을 차등으로 만드는 나라 〈2〉

국가의 명령에도 차등이 있는가. 역사상 근본적으로 정의로운 전쟁이 어느 곳에서 있었는가. 대부분은 국가라는 공동체의 이익과 번영을 위해서 오로지 전쟁을 수행하였다.

전쟁은 인간의 제어하기 힘든 광기의 표현이다. 월남전에 대한 국가의 평가는 지난 김대중 정부에서 베트남에 정식으로 사과를 한 후부터 한국군은 오로지 미국의 용병이었음을 국가가 공식적으로 인정한 셈이 되었다.

두 나라 합동조사 위원회가 월남전에서의 한국군의 작전을 조사하여 3건의 한국군의 잘못을 밝혀냈다고 한다. 한마디로 한국군의 잔혹상을 세계에 알린 것이다.

월맹군과 베트콩의 잔학상은 없었는가. 한국군 사망자가 반드시 교전 중에 총상에 의한 것이지, 전쟁을 유리알처럼 선과 악, 내 뜻과 반대의 뜻으로 묶어 해석하여 국가의 명령으로 전쟁에 참여하여 목숨을 잃고 부상당하여 오랜 세월 고생하는 이 나라 수많은 젊은이들에게 모멸감과 좌절을 안겨주는 것이 과연 국가의 이익인가.

베트남과의 수교가 절실한 이유가 있다면 외교적으로 잘 풀어야 하는 것이 국가의 책무가 아닌가.

서로가 지난날의 잘못을 반성하고 화해를 도모해야 하는데, 우리 국민들의 자존심과 미래의 국익 가치를 담보로 하는 태도는 이해할 수가 없다.

그동안 언론에서도 국가의 장래에 미칠 영향을 무시하고 적당히 넘어갔다.

베트남 참전자에 대한 국가유공자 지정에 따르는 원호 문제에 대해서도, 베트남 측의 항의가 있었기 때문에 더 이상 나아갈 수가 없었다고 한다.

국가는, 국민의 나라에 대한 굳건한 믿음과 존중에 의해서만 지탱된다.

답변해 보시라.

국가정책으로 결정한 전쟁에 차등이 있는가.

그러면 국민들에게 널리 알리기 바란다.

이번 전쟁은 2등급 3등급 전쟁이오 하고, 병역의 의무와 파병이나 전쟁 수행에 대한 국가의 명령권도 제한을 두어야 마땅하다.

베트남 참전국 16 국가 가운데 그 어느 나라의 국가원수가 공식적으로 사과를 하고 용서를 비는 나라가 있었는가.

굴신의 외교는 결국 국민의 나라에 대한 불신으로, 국제적인 고립과 망국으로 가는 지름길임을 알아야 한다.

월남전이 종전 된지 40년이 지났는데도 이 문제 하나를 매듭 짓지 못하는 대한민국이다.

강물은 그 끝이 있을까 〈17〉

-안케 패스 전투 〈1〉

크고 작은 전투에서 부상당한 병사가 실려오는 구조 헬기 소리가 요란하다. 그 사이로 잠깐의 고요가 찾아들면 이상한 기분이 된다. 오늘은 별일 없었으면 하고 빌어본다.

사교성이 좋은 군의관 이 소령이 미군 헬기 부대에 가서 빌려오는 영화나 보면서 맥주 한잔 이면, 낼모레에 삼수갑산에 갈지언정 그렇게 행복할 텐데…,

한밤중에 하늘이 찢어지는 듯이 요란하다. 쿵 하는 박격포 떨어지는 소리와 함께 땅이 심하게 흔들린다. 나도 모르게 침대 밑으로 기어들어가 납작하게 엎드렸다.

다음 날 확인된 사실이나, 이웃에 있는 맹호부대 사령부 마당에는 베트콩 포 공격으로 큰 웅덩이가 파일 정도였다. 우리 숙소와는 가까운 거리다. 전투부대 장교들의 말로는 베트콩 들은 포탄을 정글을 통해 몰래 운반하여 흙 포신을 만든다고 한다. 그리고 목표물을 행해 발사한다. 그러니 명중률은 형편없었다.

숙소 내의 모든 군의관 특히 외과부 군의관들은 병원으로 달려가고 숙소에는 한 사람도 없다. 쉴 사이 없이 구조헬기의 폭음이 상공을 누비고 있다. 베트콩의 대대적인 공격이라고 했다.

뒷날 안케 전투라고 불리는 주월 한국군의 3 대전투의 시작이다. 병원 내의 모든 인원들은 무장 상태여서 허리의 권총을 다시금 확인 한다.

전쟁터의 소문은 과장되는 경우도 많지만, 이번 공세는 맹호 사령부에 대한 본격적인 공격이다.

이참에 한국군의 주력부대인 맹호 지휘부를 공격하여 한숨에 승리하겠다는 베트콩 공격이다. 응급실은 부상병과 군의관을 위시한 치료 팀은 정신이 없다. 신음소리와 악쓰는 소리, 그리고 심각하여지는 전황의 소식에 모든 인원이 극도로 흥분된 상태였다.

강물은 그 끝이 있을까 〈18〉

-안케 패스 전투 〈2〉

평소 같으면 전투가 있더라도 2.3일 이면 종료가 되는데, 이번에는 완전히 다른 것 같다.

하루가 지날수록 더 치열해 진다.

부상병은 계속 후송되어 오고, 적의 공격이 생각보다 완강한 것 같다.

전사자는 주로 밤에 병원 영안실을 거쳐 본국으로 후송되기 때문에 실질적으로 몇 사람이 희생되었는가는 알 길이 없고, 이 또한 군사기밀에 속한다.

여전히 병원 뿐만 아니라 옆에 있는 맹호 사령부도 초긴장 상태로 이제 본격적인 전투에 돌입한 양상이다.

구내식당에서 일하는 월남 꽁가이들도 병원 사람들의 눈치를 보는 것 같다.

그럴 수밖에, 전우들이 다치고 죽는 것을 보는 순간이면 불끈 불끈 솟아나는 적개심, 이것이 바로 전쟁터다, 아마 본국에서 막 온 사람들 눈에는 살벌한 모습의 우리들을 보았을 것이다.

의무 병과라고 예외는 아니다.

병원에서 일하는 월남 사람들이 아무런 잘못이 없는 줄을 이성적으로는 잘 알면서도 충천하는 적에 대한 분노를 어찌하나, 후일 안케 패스 전투라고 불리는 이 작전은 이렇게 갑자기 시작되었다.

무릇 모든 전투가 이런 양상으로 오지만, 이번은 적들의 공격이 더욱 거칠다. 월맹군 3사단 12연대 특공대대는 퀴논과 캄보디아를 잇는 전략도로인 19번 도로를 확보하려는 작전을 짜고 있었다. 요충지인 638 고지는 본시 아군의 중대기지였는데, 어쩐 일인지 여기서 병력을 철수하고 버려져 있었다. 이곳은 19번 공로를 내려다보고 있어 중요한 곳인데도 한국군의 적에 대한 방심이었다. 월맹군은 이를 노리고 밀림을 통한 진격을 해와 오히려 이 고지를 확보한다.

한국군이 방치한 지형지물을 이용하고 더욱 강화하여 자기들의 난공 기지로 만들었는데도 이쪽에서는 이를 전연 모르고 있었다.

우연히 이를 발견한 맹호 기갑연대 수색중대 1중대 9중대와의 처절한 전투를 벌리게 된다.

그전 같으면 감히 한국군에 그러한 도저히 불가능 하였는데, 이들은 휴전회담과 그동안의 축적된 전투력과 정보를 통하여 한국군에 대한 승리의 자신감을 가졌던 모양이다.

강물은 그 끝이 있을까 〈19〉

-안케 패스 전투 〈3〉

1972년 4월 8일부터 25일까지 거의 보름이 넘도록 피아간에는 대 혈전을 갖게 된다. 아군 전사자는 공식적으로 75명, 적 사살 705명이라고 발표되었다. 그래서 이 전투를 월남전 큰 전투 중에 승리 전투라고 전해지고 있다. 전사자에 미루어 부상자의 숫자는 보통 10배로 감안하면 이 전투의 격렬함을 짐작할 수가 있다. 어떤 사람들은 이 전투를 말하여 승리가 애매모호한 전투라고 말하는 사람도 있다.

이쪽에서는 공격자 입장이고 월맹군은 방어자인데 왜 전사자가 오히려 많이 났느냐는 의문을 제기한다. 그러나 아군은 막강한 미 공군의 폭격과 공격 헬기의 지원사격 등 공군 작전의 비호 아래 있기 때문에 단순한 보병부대의 일대 일의 전투 해석은 부당하다.

당시에 기갑연대의 용맹은 많은 사람들의 기억 속에 남아 있다. 부상병 후송 협의차 우리 병원을 들린 대학 동기생인 의무중대장 최 대위의 모습을 보고도 처음에는 얼른 알아보지 못했다. 검게 탄 얼굴에 철모를 깊숙하게 눌러쓰고, 양 허리에는 한 자루씩 권총으로 무장을 하고 있었다.

이 전투의 치열함이 정점을 이루고 있던 날, 지친 몸으로 숙소에 들어와 막 눈을 좀 부치려는데, 누가 황급히 문을 두드린다. 방문을 열고 보니 함께 파월되어 이곳 맹호 지역으로 온 제대 전우였던 보병 소위다.

방에 들어오자 말자 그는 대뜸 사정을 한다.

"군의관님, 저 좀 살려 주십시오."

"아니, 어데 가 아프오?"

그의 황급한 모습을 살피면서 조심스럽게 물었다.

그게 아니었다. 소대장으로 부임한 그는 전투가 치열해지고 위에서는 고지를 빨리 탈환하라는 독려가 빗발친다. 주위에서는 부하들이 총탄에 쓰러져 가고, 처음으로 당하는 격렬한 전투에 이 사람은 확 돌아버린 상태가 된 것이었다. 부상자를 실러 온 구조헬기를 자기도 모르게 올라타고 말았다.

병원 응급실이 정신없이 복잡한 틈을 비집고 나를 수소문하여 방문을 두드린 것이다.

"당신 제정신이야, 부하들이 총탄에 피를 흘리고 있는데, 이게 무슨 짓이야. 빨리 본대로 귀환하지 않으면 당신 큰일 날 줄 알아."

분노에 찬 나의 꾸지람에 그는 실망스러운 표정으로 당혹하더니

"알았습니다." 한다.

병원에 연락하여 이 사람 빨리 자대로 귀환시키라고 하였다. 전쟁의 공포증을 영화에서만 보았는데, 내가 실지로 접할 줄은 몰랐다.

그 후로 이 소위의 소식을 철군할 때 까지 듣지 못하였다

강물은 그 끝이 있을까 〈20〉

-철군 마지막 날

파리에서의 베트남전쟁에 대한 종전이 타결되었다는 소식이다. 전쟁이 끝난다는 것 이상으로 이 세상에 신나는 일이 있을까. 집에 돌아간다는 설렘 가운데도 일말의 두려움이 사람들을 휘어잡고 있다.

진군보다도 더 어려운 것이 철군 작전이라고 한다. 월맹군이 철군하는 한국군을 그대로 보고만 있을까. 사람들은 공격 가능성에 더 무게를 두었다.

1973년 1월 3 일에 선발대는 철군을 시작하였고 이어서 2월 3일부터 점진적으로 작전을 하여 3월 23일까지 완료하였다.

우리 병원도 그동안 3개의 제대로 나누어 선발 철수 인원을 이미 선정하고 준비를 해왔다. 맹호 사령부는 소수의 경비소대만 남기고 철수를 한 탓인지, 활기차던 평소와는 달리 적막이 감돈다. 불안감이 더욱 다가온다. 전투부대가 옆에 없으면, 의무부대는 소소한 공격에도 당할 재주가 없다. 휴전협정이 발효되기 두세 시간 전에 한국군 다른 부대에서 중령이 복무 중에 전사하였다는 소리도 들린다.

한 간호장교는 이곳에서 신랑을 만나 귀국하려는데 그 역시 불안하기는 마찬가지 일 텐데도 맨 마지막 철수 인원으로 남고 싶다고 한다.

절박한 상황에 처한 인간의 감정을 알고 싶다고?

전쟁터에 던져진 인간존재가 바로 그것 아닐까.

여기는 아직 전쟁터다. 완전무장한 상태로 차량에 올라탄 우리는 푸껫공항으로 향하였다. 베트남 땅이 새삼스럽게 우리를 쳐다보는 것 같다.

이 땅은 우리에게 무슨 인연일까. 저 멀리까지 정글이 대지를 뒤덮고 있다. 그 위로 오후의 구름이 한가롭게 놀이를 하고 있다.

적의 박격포 공격에 대한 두려움은 우리를 싣고 고국으로 갈 비행기 안에서 까지도 여전하였다.

주요 무기를 위시한 보유 장비는 미군과 월남군에 이양하였으나, 기타 장비 1812만 달러어치는 협상 끝에 어렵게 한국의 차지가 된다. 병원 장비는 대부분 철군과 함께 한국의 소유가 되었다.

베트남전쟁에 대한 평가는 훗날 역사적인 평가를 받을 것이나, 전쟁의 상처는 오래도록 남아있을 것이다. 영광보다는 아픈 기억이 더 많은 전쟁터를 미련을 버리고 떠난다

강물은 그 끝이 있을까 〈21〉

-나의 5.18 〈1〉

17일.

여느 때처럼 아침 운동을 하러 라켓을 어깨에 걸치고 광주교육대학으로 갔다. 상쾌한 5월의 아침 공기다. 정문에 군인 셋이서 지키고 서 있다. 총을 등에 멘 채다.

못 들어갑니다.

왜그래요?

안 된다고 말하면 그런 줄 아세요, 지금 계엄이어요.

거칠다, 목소리가 위협적이다.

처음 만난 계엄군이었다.

'나도 예비역 장교요'가 목구멍에서 기어 나오는 것을 침으로 말아 삼켰다. 살벌한 눈빛으로 쳐다보는 군인에게 압도되어 발걸음을 돌렸다. 오후에 아이를 데리고 병원에 오신 어머니의 말씀이 심상치가 않다.

시내가 난리가 났어요.

난리라니요?

전두환이 물러가라고 학생들이 데모를 해요.

아직은 이곳은 중심가에서는 변두리여서 데모 모습을 볼 수가 없다. 다른 어머니가 말한다.

공수부대가 사정없이 팬다고 지금 시내는 난리요 난리.

아침에 보았던 군인이 생각났다.

의사회에서는 회원들은 무슨 일이 있더라도 자기가 일하는 병원을 지키며 환자 발생 시 적극 대처하라는 연락을 각 회원들에게 급히 알리는 전갈이 왔다.

아이를 데리고 오신 할머니와 어머니들은 진료가 끝나기가 바쁘게 집으로 발걸음을 재촉한다.

밖을 내다보니 오늘따라 자동차들도 흥분한 탓인지 쌩쌩 달리는 것 같다.

어떻게 되어 가는가?

알 길이 없다.

이리저리 연락을 해도 전체적인 상황을 파악하는 사람은 아무도 없었다.

강물은 그 끝이 있을까 〈22〉

-나의 5.18 〈2〉

18일.

시내가 아주 살벌해짐에 따라 이곳 서방 지역도 점차 긴장이 한껏 쌓여간다.

평소처럼 병원 문을 열도록 하였다.

소문이 너무 황당하여 도저히 믿기질 않는다.

시민과 학생들에 대한 계엄군의 무차별 폭행이 너무하다고 사람들이 분개를 한다. 그러나 모두들 계엄군을 무서워하였다.

도저히 진료실에 더 앉아 있을 수가 없었다. 집사람과 함께 시내로 나가보기로 하였다. 도대체 무슨 일이 어떻게 되어가는 것을 내 눈으로 파악하고 싶었다.

버스도 다니질 않는다. 황량한 도시 풍경이 영락없는 전쟁터다. 금남로에 오자 군용차량이 멈추어 있고 젊은 사람들이 팬티 바람으로 줄레 줄레 손이 묶인 채 군용트럭에 오르고 있다. 미적 거리면 구두 발길이다. 군인들의 손에는 곤봉이 들려 있어 조금만 느려도 사정없이 내리친다. 무서워서 더 볼 수가 없다고 아내가 충장로 5가 쪽으로 가자고 한다.

점포의 옥상에 여러 사람들이 올라가 사태를 지켜보고 있다. 적군의 포로도 저렇게 취급을 하지 않았는데, 이건 너무 한 것 아닌가.

분노가 솟구쳤다.

여기 사람들의 이야기를 들어도 역시 무시무시한 소문이 무성하다.

큰길에서 밀려난 시민들이 이 골목 저 골목에서 사태의 추이를 지켜보고 있다. 아예 집에 갈 생각이 없는 사람들 같다.

초 저녁인데도 그대로다.

데모대도 여기저기서 숨바꼭질 하며 여전히 시위를 계속하고 있었다.

강물은 그 끝이 있을까 〈23〉

-나의 5.18 〈3〉

20일.

밤이 밝았다. 오늘은 또 무슨 일이 벌어지려나, 불안하다.

역시 병원 문을 열도록 하였다. 난리가 나도 아픈 사람은 생기기 마련이다. 더구나 아이가 아프면 어떡하나. 오랫동안 믿고 이용해 주신 부모님들에게 도리가 아닌 것 같다.

11시쯤에 전남대 배영남 교수로부터 전화가 왔다.

금남로에 있다고 한다.

데모대와 함께 목이 터져라 외쳤다고 한다.

계엄령 철폐하라!

전두환 물러가라!

"그러나 이 사람아 몸조심해 조심하라고."

동구청 뒷골목에서 음식점을 하는 친구 권 사장 집에서 연락한다고 말한다.

친구의 안위가 심히 염려되었다. 그는 다시 데모 대열에 합류하러 간다고 말하고 전화를 끊었다.

한낮이 지날 무렵에 시내 쪽에서 요란한 총소리가 들리는 것 같다. 얼마 후에 배 교수로부터 다시 전화가 왔다.

전일빌딩 옥상에서 아래 금남로에 있는 데모 군중을 향해

사격을 하고 있네.

전화선을 통하여 들리는 총소리가 요란하다.

나는 전화통에 대고 소리쳤다.

"빨리 대피하게, 큰일 나네."

훗날 알려진 사실이지만 이때는 이미 계엄군과 시위 군중 사이에는 충돌이 시작되었다고 한다.

장갑차와 각종 차량을 앞세운 시민들은 이제는 단순한 시위 군중이 아니었다.

강물은 그 끝이 있을까 〈24〉

-나의 5.18 〈4〉

21일.

도청 앞은 완전히 전쟁터라고 한다.

그뿐 아니다, 광주 시내 모두가 전쟁 터로 변하고 있다고 한다. 사람들은 극도로 흥분된 상태로 사태의 추이를 보고 있었다. 총소리가 계속 이어지고 이제는 오후부터 시민군이 등장하였다고 한다. 학생과 일반 시민이 도청 앞의 충돌을 기점으로 폭발한 것이다.

지금까지는 차량에 올라타, 구호만 외치던 데모대가 갑자기 무장세력으로 서방 지역에도 나타나 총을 흔들며 구호를 외친다. 깜짝 놀랐다. 이게 어떻게 되어가는 판국인가.

전쟁도 아니고, 그렇다고 5.16 군사혁명에서도 경험하지 못한 새로운 사태의 전개다.

전쟁을 경험한 나는 총의 무서움을 안다.

그리고 그 잔인함에 치를 떠는 사람이다.

도청 앞에서 어떻게 해서 계엄군과 데모대가 충돌하였는지 선제공격자가 어느 쪽인지, 알 길도 없다. 혼돈의 생각 밖에 없다. 어린 날 겪었던 빨치산들의 침공, 6.25 사변 때 보았던 무서운 살육, 월남전의 기억이 주마등 같이 떠오른다.

이래서는 안 되는데, 이래서는 안 되는데, 다른 해결 방법이 그렇게 없었나, 이렇게 어렵고 혼잡한 세상을 살아야 하는 우리 처지가 정말로 한심스럽다.

훗날 역사는 오늘을 어떻게 말할 것인가.

강물은 그 끝이 있을까 〈25〉

-나의 5.18 〈5〉

23일.

계엄군이 시 외곽으로 철수하였다고 한다. 광주는 시민군에 의해 장악된 도시다. 이제는 외부로부터 완전히 고립된 상항이 되었다. 외부와의 전화 통신도 이미 끊겼다. 길에는 시민군의 자동차가 달려간다. 어느 차에는 태극기를 앞세워 흔들며 구호를 외친다. 복장과 무장 상태도 가지각색이다. 수건으로 얼굴을 가린 사람들도 있다. 부근에 있는 시장 상인들은 이들에게 음료수와 먹거리를 차에 올려주고 있다. 헬멧까지 머리에 쓰고 있는 사람도 있었다. 아마 계엄군으로부터 노획한 것 같다.

총기들은 대부분 카빈 소총으로 최신 소총은 눈에 보이지 않는다. 이들은 계엄군을 물리쳤다는 것에 대해서 의기 양양한 상태였다. 주변의 상가도 일부분 문을 닫은 상태였고, 도시는 숨죽인 상태다.

어제는 청년 두 사람이 총기를 쥔 채 병원 안으로 뛰어들었다. 다짜 고짜로 건물 3층으로 계단을 뛰어 올라갔다. 그리고는 큰길 쪽에 있는 유리창들을 총의 개머리판으로 깨뜨렸다.

놀라서 왜 그러냐고 물었다.

교도소 방면에서 전투가 있는데 이곳으로 진입하는 계엄군을 격퇴하려고 준비한다고 말한다.

아뜩했다. 드디어 우리 집조차 전투의 와중에 휩쓸려 가는구나.

강물은 그 끝이 있을까 〈26〉

-나의 5.18 〈6〉

24일.

병원 건너편 길에서 전남대 송기숙 교수와 김동원 교수를 만났다.

수습위원회에서 정신없이 바쁠 거라고 생각하고 있는데 의외였다. 무기를 회수하러 시내를 순방하고 있었다. 수습위원회 안에서도 무기 회수 문제는 찬반양론이 격렬하게 맞서고 있었다고 한다. 그러나 사태의 수습에는 일단 무기 회수가 급선무라고 송 교수는 말한다.

이 상황에서 이쪽만 무기를 거두어들이면, 무슨 대책이 있냐고 물었다. 송 교수 말로는 계엄군 측과 협상하여 대화로 풀어가야 한다고 말한다.

일리가 있는 말이라고 나도 동의를 하였다.

현실적으로 무력으로 끝까지 갈 수도 없을뿐더러 승산도 없는 것 아니겠소?

김동원 교수는 옆에서 아무 말 없이 듣고 있었다.

포위된 도시민의 심정은 복잡했다.

내일이 어떻게 될는지 아무도 장담할 수가 없는 상황이다. 총기가 등장한 후부터는 더욱 불안감이 사람들을 사로잡고 있다.

우리 병원 맞은편에 있는 서방 주유소에 총에 맞은 시체가 누워 있다.

언제 어떻게 그렇게 되었는지는 자세히 모르나, 소문으로는 시민군들끼리의 총기 오발로 인한 것이라고 한다.

이 난리 통에는 치안상태의 공백에 대한 두려움이 몹시 컸다.

황금동에서 비뇨기과 병원을 개원하고 있는 친구 집에 강도가 들었다는 소문이다.

아직까지는 그런대로 약탈과 강도 같은 일이 비교적 조용하나, 언제 상항이 바뀔는지 모르는 상태였다.

강물은 그 끝이 있을까 〈27〉

-나의 5.18 〈7〉

26일.

계엄군의 진압작전이 임박했다고 한다.

불안했다. 이제는 문자 그대로 토벌작전이 되려나. 아무래도 안집인 아파트로 옮기는 것이 옳을 것 같다. 병원 내에 기거하는 세 사람의 간호사와 우리 가족을 서둘러 이동하기로 한다.

아내는 다 큰 처녀들인 간호사들을 이 난리 통에 여기에 남겨둔다는 것은 말이 안 된다고 우긴다. 자기가 남겠다고 한다.

당신도 함께 가라고 강권한다.

결국 집사람과 한 사람의 간호사를 남겨둔 채 15분 거리에 있는 아파트로 옮겨갔다.

이때의 나의 자괴감이란...

병원 앞 대로 변에 한 청년을 둘러쌓고 아주머니 몇 분이 걱정을 하고 있다. 포위된 도시에서 탈출하려는 청년이다.

그는 염려하는 아주머니들에게

장성 쪽으로 빠지는 길이 있어요, 너무 걱정 마시라고 한다.

혹시 서울에서 응원차 원정 왔다는 학생 중의 한 사람이 아닐까, 무사히 빠져나가길 빈다.

진압군의 침공을 기다리는 자신은 내 나라가 지금 비극의 와중으로 휘말려가고 있다고 생각했다.

발칸반도의 여러 나라의 비극도 떠올랐다.

방 안에서 음악을 들었다. 체코의 국민음악가 스메타나의 〈나의 조국〉을 듣고 또 들었다.

불안에 대한 해소책은 그것밖에 없었다.

강물은 그 끝이 있을까 〈28〉

-나의 5.18 〈8〉

27일.

밖에는 부슬비가 내리고 있었다.

밤이 깊어가도 도저히 잠이 오질 않는다.

오늘은 계엄군이 시내 진입을 예고한 날이다.

무자비한 진압작전이 이제 시작된다고 생각하니 정신이 아득해진다.

차량 마이크 소리가 들렸다. 여성의 목소리다. 애타는 목소리로 진압군이 곧 도청을 쳐들어오니 시민들이 도와달라는 절규였다.

정적과 긴장으로 터지기 직전인, 한밤중도 훨씬 넘어선 시각이다.

얼마 있으면 새로운 아침이 찾아올 것이다.

광주시민들 대부분이 이 시각에 잠을 이루고 있는 사람은 없었을 것이다. 안타까웠다.

그러나 시민 그 누구도 시민군이 도청을 사수한다는 그들을 이 밤중에 어떻게 도울 수 있는 상황이 아니었다.

숨 막히는 길고도 긴 밤이 지나가고 있었다. 지금껏 나의 생애에 처음인, 고통의 터널을 통과하는 긴장의 밤이었다.

도청 쪽에서 계속 총소리만 요란하다.

나중에는 그 총소리마저 간헐적으로 들리더니 새벽이 점점 밝아오자 그 소리도 들리지 않게 되었다.

도청과 금남로에 있다는 사람들은 어찌 되었을까.

아침에 아파트로 계엄군 몇 명이 진입하였다.

사회학과 문석남 교수가 우리 아파트에 살고 있었다.

둘이서 이들을 맞이하여 여기 아파트 주민들은 별 이상이 없으니, 어서 가라고 한참이나 대화를 나누면서 군인들이 다소라도 진정되도록 하였다.

그들은 아주 긴장하고 있었다.

그럴 수밖에 없겠지.

베트남 적성 마을에 들어갔을 때의 나의 긴장감이 생각났다.

앞날이 어떻게 전개될는지 알 수 없지만 우리는 엄연한 대한민국의 국민이라고 속으로 다짐하니 조금은 마음이 평정을 이룬다.

강물은 그 끝이 있을까 〈29〉

-나의 5.18 〈9〉

5.18은 수습 과정에서도 긴 시간과 많은 우여곡절을 겪었다. 계엄사에 붙들려 간 많은 사람들, 그리고 병원에서 치료를 받고 있는 사람들, 이들에 대한 자세한 상항은 알 수가 없었다. 들리는 소식은 곤욕을 치르고 있다는 전언뿐이다.

시간이 흐르자 사람들도 점점 사태의 연유와 피해에, 그리고 장래에 대한 생각을 심각하게 생각하기 시작하였다.

전방에서 같이 근무를 하였던 이곳 광주고 출신으로 제7공수여단장으로 새로 부임한 김태섭 장군이 우리 집을 찾아왔다. 안부차 온 것이다.

그는 육사 17기로 나중에 1군단장을 마지막으로 중장 예편하였다. 그도 광주 출신이라 당시에는 여간 곤혹스러운 입장이었다고 한다. 내가 보았고 경험하였던 사례를 조심스럽게 그에게 들려주었다.

그도 초기에는 이번 사태가 불순분자들의 소행이라는 생각을 굳히고 있었다.

당시에 군부를 위시한 대부분의 외부 사람들이 같은 생각이었다고 한다.

그 후에 그는 당시 군부의 지휘부 사람들을 만나기만 하면 광주사태에 대한 나름의 강력한 주장을 계속 역설하였다고 한다.

초기 진압 과정에 군의 오버액션이 광주에서 있었다는 점을, 장래를 걸고 역설하고 또 역설하고, 그의 주장이 사태의 해결 방향에 얼마나 영향력을 끼쳤는지는 알 길이 없으나 용기가 참으로 필요한 시기였다.

그러나 사건의 진실을 가감 없이 밝힘으로써 진정으로 대한민국이라는 나라를 허물지 않고 새롭게 탄생 시키려는 노력이 필요한 때였다.

병원으로 다시 옮긴 후 아침 식사를 하고 있는데 유리창에서 딱하고 소리가 났다. 유탄이 유리창에 박혀 있었다.

사태가 끝난 2.3일 후였다,

5.18은 아직 완전히 끝난 것은 아니다.

강물은 그 끝이 있을까 〈30〉

-나의 5.18 〈10〉

계엄 상태에 있어도 우리의 삶은 쉴 수가 없었다.

하루는 당시의 전남일보 현재 〈광주일보〉 문화부장으로 있는 김석학 씨로 부터 연락이 왔다.

급히 시 한 편을 써 달라고 한다.

급하다고?

나는 본래 급 원고는 쓰지 않는 사람 아니요? 더군다나 시를?

김 부장은 그의 다급한 입장을 설명한다.

경쟁사인 전남매일 신문사에서 김준태 시인의 시 「무등산은 알고 있다」가 광주 사태를 노래한 작품인데 발표되자마자 시민들에게 대인기라고 한다.

함부로 말 못하는 시기에 시원하게 광주의 한을 노래하였으니 그럴 수밖에 없었다.

그것 때문에 경쟁사인 자기 신문이 막대한 지장을 가져오고 있다고 말했다.

그 시 보다도 조금 더 독하게 써 주었으면 한다는 부탁이었다.

더 독하게?

그러면 계엄 하에서 잡혀갈 일은 분명하고 혹독한 곤욕을 치를 일도 정해져 있었다.

다급한 입장을 설명하는 그가 안타깝기는 하지만 난 단호하게 거절하였다.

자식들도 아직 어린데 어렵습니다. 더군다나 내게는 시국 문제를 시화시키는 능력이 없어요.

나의 분명한 거절에 그가 잘 알았다고 하더니 며칠 후에 다시 연락이 왔다.

그 아무도 원고를 쓰지 않으려 한다고 한다.

어려운 부탁이나 꼭 좀 재고해주시라는 간곡한 말이었다.

난처하였다. 서로가 잘 아는 사이고 그 신문에 매주 고정 칼럼을 쓰고 있는 입장에서는 거절하기가 참으로 어려웠다.

타협책으로 에세이를 한 편 쓰기로 한다.

지금 읽어보아도 글 뜻이 무엇인지 알둥 말둥하는 내용이었다.

어려운 시대를 살아가는 사람이 겪는 조그만 고통이었다고 혼자 위로를 하면서도 독자들에게는 진정으로 미안하고 죄송스러운 생각뿐이었다.

강물은 그 끝이 있을까 〈31〉

-나의 5.18 〈11〉 마지막회

계엄사에서 곧 나를 잡아갈 거라는 소식을 어느 지인으로부터 연락받았다.

아니 내가 무슨 죄를 지었다고, 잡아간다니, 어처구니가 없었다.

도청 앞의 금남로에 가서 데모를 했나,

총을 들고 계엄군에 총질을 하였나,

도저히 이해가 안 되었다.

도대체 죄목이 무엇인가 알아보아 달라는 나의 부탁에 계엄사 고위층을 잘 아는 지인의 며칠 후의 답변에 깜짝 놀랐다.

얼마 전에 문인협회 기관지에 발표했던 나의 시 작품이 말썽이었다. 무등산을 노래하였는데, 작고개를 자주 갔던 그곳의 장원봉을 사람들이 보통으로 불렀던 그대로 장군봉으로 나는 잘못 알고 있었다. 시 가운데 장군봉 운운의 시 구절이 계엄사 검열관에게 딱 걸려 문제 된 것이다.

이 사람이 지금이 어느 때라고 장군들을 함부로 들먹이는 시를 썼느냐 하는 것이 혐의 받은 죄목이었다.

어처구니가 없었다.

검열관의 무식이 새삼 밉상스럽고 야속하나 그 당시는 엄중한 시기가 아닌가.

그러나 이 사건은 문인협회 회원의 한 사람인 황하택 시인에 의해서 무사히 수습이 되었다.

이분은 군에서 보안 대장을 하다가 예편되어 군부에 비교적 안면이 넓었고 사안 자체가 전혀 문제 될 만한 건더기가 없었기 때문이다.

혼란의 시대에 사는 사람이 겪는 일장의 에피소드다.

현재가 쌓이면 역사가 되고 역사는 우리의 미래를 예견하게 한다고 사람들은 말한다.

5.18 은 과연 대한민국의 역사에 어떠한 이정표를 만들었을까. 그러나 아직도 미완의 과제로 남아있음을 본다.

철없는 아이로 태어나 전쟁이란 무엇인지도 모르고 태평양전쟁을 넘긴 이후로 빨치산의 습격, 동족 간의 참혹한 6.25 전쟁, 4.19 학생민주혁명, 5.16 군사혁명, 12.12 군사쿠데타, 월남전 참전, 5.18 광주민주화운동으로 이어지는 대사건의 연속 가운데서도 용케 잘 견뎌 왔구나 하는 된 숨소리가 나온다.

그것은 후손들을 위해서 짊어지고 가야 할 우리 세대의 운명적인 십자가가 아니었을까. 부모님들이 겪었던, 그 고통의 세월을 다시금 생각하게 된다.

오늘도 우리에게 엄습하는 저 파도소리는 과연 무엇을 말하고 있을까.

시간은 세월을 만들고 이를 엮어 역사란 이름으로 자신들의 삶을 재단하는데 여념없는 사람들의 모습에서 무엇을 깨달아야 하는가.

인간의 위대함인가, 허무함인가.

시 산문집

소리가 그립다

2020년 7월 10일 인쇄
2020년 7월 15일 발행

지은이 | 정 진 홍
펴낸이 | 강 경 호
인쇄 · 기획 | 도서출판 시와사람
등 록 | 1994년 6월 10일 제 05-01-0155호
주 소 | 광주시 동구 양림로119번길 21-1(학동)
전 화 | (062)224-5319
팩 스 | (062)225-5319
E-mail | jcapoet@hanmail.net

ISBN 978-89-5665-567-3 03810

값 12,000원